관상으로 운명과 미래를 아는 법

얼굴을 보면
그 사람의 운명과
미래가 담겨져 있다

최이윤

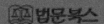 법문북스

관상으로 운명과 미래를 아는 법

얼굴을 보면
그 사람의 운명과
미래가 담겨져 있다

최
이
윤

사람을 쉽게 아는 관상학

얼굴을 보면 그 사람의 운명과 미래를 볼 수 있다

지금은 한 번 보고 사람을 아는 시대
어떤 사람을 만나고 어떤 사람과 친하게 지내야 성공할 수 있을까?

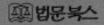 법문북스

관상학의 역사

관상학은 언제부터 시작되었나?

 관상학은 본래 약 4300년 전 고대 중국에서 발생하였는데 당시의 유물에서 관상에 대한 연구가 이뤄졌던 흔적이 발견되고 있다. 관상학이 한국에 들어온 시기는 신라시대이며, 고려시대에는 혜징이 관상가로 이름을 떨쳤다.

 기록으로 보면 춘추시대에 진나라의 고포자경이 공자의 상을 보고 장차 대성인이 될 것을 예언하였으며, 전국시대에 위나라 사람 당거도 상술(관상을 보는 기술)로 이름이 높았지만 상법 즉 관상법을 후세에 남기진 않았다.

 남북조시대에 남인도에서 달마대사가 중국으로 들어와 선종을 일으킴과 동시에 『달마상법』을 후세에 남겼다. 그 후 송나라 초기에 마의도사가 『마의상법』을 남겼는데, 이것이 관상학의 체계가 되었다. 후세 사람들은 『달마상법』과 『마의상법』을 관상학의 쌍벽이라고 일컫는다.

 달마대사가 중국에 상법을 전했듯이 인도엔 먼 옛날부터 관상법이 성행했는데, 그 예로 바라문교의 성전 중 하나인 악상제멸에 관상에 대한 여러 가지 방법이 설명되어 있다. 석가가 탄생했을 때 아시다란 사람이 그의 관상을 보고 "이 아이는 32상을 갖추고 있어 뒷날 대성제가 되리라"고 예언했다고 한다.

유럽에서는 철학적으로 인간이 연구되었을 뿐만 아니라 형체적으로까지 연구되있다. 즉 아리스토텔레스는 관상학의 책을 썼고 플라톤도 동물과 비교하여 관상학을 설명하고 있다. 예를 들면 '사자족의 인간은 도량이 크고 용감하다' 라는 식이다. 그 후 계속해서 관상학이 연구되었는데, 영국의 조지 왕은 관상학 연구자를 탄압한 적도 있다. 그 뒤 다윗이 진화론의 입장에서 관상학을 발표했으며, 뇌수를 포함한 두개골의 정신활동을 살피는 골상학이 탄생되면서 연구가 진해되거나 발표되었다.

관상학의 역사

관상학 이런 것은 알아야 한다

관상학이란 사람의 얼굴형을 관찰하여 그 사람의 운명을 판단하고 그 결론으로 피흉추길(흉한 일을 피하고 좋은 일로 정진함)의 방법을 강구하는 학문을 말한다.

모든 사람들은 저마다 타고난 기질이나 성격이 제각기 다른데, 사람의 얼굴 또한 천태만상이다. 그렇기 때문에 사람마다의 삶이나 운수도 결코 동일하지가 않다.

누구나 사람을 처음 볼 때 잣대의 기준을 얼굴에 두고 있다. 즉 얼굴의 생김새에 따라 그 사람을 평가하는 것이다. 한마디로 얼굴은 인간생활이나 인간관계에 있어서 아주 중요한 역할을 담당하고 있다. 즉 얼굴에는 다양한 희로애락의 표정을 비롯해 쾌감, 불쾌, 건강, 병중 등의 상태까지 분명하게 나타난다. 이와 함께 관상 역시 시시각각 변화되는 감정과 생활이 그대로 노출되고 표시되는 것이다.

옛 속담에 '건전한 정신은 건전한 육체에 깃들인다.'고 하지만 몸과 마음은 만날 수 없는 평행선을 달리고 있으면서 아주 밀접한 관계를 유지하고 있다.

관상을 좌우하는 것은 마음인데, 사람들이 마음가짐을 어떻게 하느냐에 따라 그 풀이가 완전히 다르게 나온다. 다시 말해 수양에 의해 사람의 마음은 점차적으로 변화된다는 얘기다.

인간의 내면적인 것, 즉 정신적 내용을 그대로 밖에 나타내는 것으로 그 사람의 용모는 정신적 내용이 표현하는 반사운동이 고정된 결과인 것이다. 예를 들어 "관상은 나쁘지만 인물은 좋다."라고 하는 말은 있을 수가 없다.

관상은 그 사람의 이력서이기도 하고 미래의 청사진이기도 하다. 그렇기 때문에 관상을 경솔하게 판단해서는 안 된다. 따라서 관상학의 기본에 입각하여 풀이하는 것이 무엇보다도 중요하다.

관상학의 역사

관상을 보는 방법

먼저 얼굴 형태를 살핀 다음 상정을 비교한다. 그리고 얼굴이 요면(가운데가 오목하게 들어감)인가, 철면(가운데가 볼록하게 튀어 나옴)인가를 본다. 마지막으로 오궁인 눈, 코, 입, 눈썹, 귀의 순서로 보면 된다.

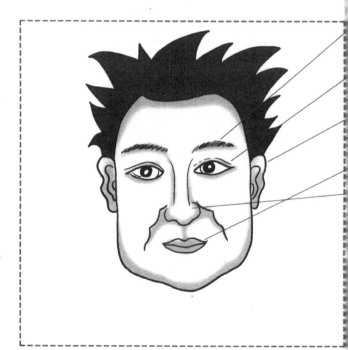

● 눈썹이 생긴 모양과 함께 길고 짧음 혹은 길고 엷음을 살피면 된다.

● 눈의 3가지 모양을 보고나서 눈동자의 색깔과 함께 눈의 크고 작음과 핏발의 유무를 살피면 된다.

● 귀의 생김새를 본 다음 귀의 크고 작음과 위치를 살피면 된다.

● 입은 식욕과 성욕을 상징한다. 입술의 크고 작음 등의 특징을 본 다음에 입술의 색깔을 살피면 된다.

● 코는 높고 낮음과 짧고 길음을 본 다음에 털 코 혹은 자루 코 등의 모양을 살피면 된다. 코는 얼굴의 3분1의 깊이를 갖고 있는데 뇌의 중추신경과 관련이 깊다

다시 말해 신체=촉각, 눈=시각, 코=후각, 입=미각, 귀=청각이 되는 것이다. 이 오관은 그 모양이나 색깔 등등의 상태에 따라 나타나는 성격과 운기 등의 의미를 갖고 있다. 이것은 뒷장에서 상세하게 설명하겠다.

얼굴을 보면 사람을 알 수가 있다

얼굴을 이등분한 관상 보는 법

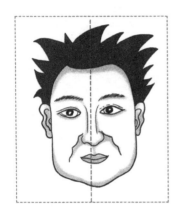

좌 우 상정 중정 하정

얼굴을 좌우로 나누어 운수를 판단하는 방법이다. 남자인 경우 왼쪽 얼굴엔 아버지의 유전이, 오른쪽 얼굴엔 어머니의 유전이 나타난다. 또 왼쪽 얼굴에는 선천적인 숙명이, 오른쪽 얼굴에는 후천적인 노력에 의한 운수를 나타낸다.(여성인 경우는 남자와 반대)

다시 말해 왼쪽 얼굴에 나타나는 여러 가지 현상이나 모양은 선천적 운명이나 숙명을 나타내기 때문에, 만약 그곳에 재운이 있다면 태어날 때부터 재운이 풍부한 상이다. 반대로 오른쪽 얼굴은 후천인적인 운명을 나타내기 때문에, 만약 재운이 있다면 그 사람은 노력에 의해 재운을 획득하는 상이다.

얼굴을 보면 사람을 알 수가 있다

지금은 누구나 알고 있듯이 사람의 얼굴은 좌우가 똑같지가 않다. 만약 좌우가 똑같다면 유전적으로 바르고 특별한 결함도 없다. 따라서 선천운이나 후천운이 모두 좋다.

만일 좌우가 현저하게 차이가 있다면 부모의 체질이나 성격 등이 잘 융합되지 않은 바람직한 결합이 아니었다고 보면 된다. 따라서 그런 사람은 이중적인 성격이거나 운명에 심한기복이 있다.

얼굴을 보면 사람을 알 수가 있다

얼굴을 삼분한 관상 보는 법

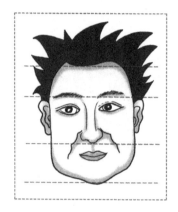

얼굴을 상·중·하로 나누어 운수를 판단하는 방법이다. 즉 이마의 정점에서 눈썹까지를 상정, 눈썹아래에서 코까지를 중정, 코밑부터 턱까지를 하정이라고 부른다. 이 구분법은 초년에서 노년까지의 운수를 나타낸다. 지, 정, 의 등으로 구분하여 자기와 윗사람, 손아래사람과의 관계 등을 판단하는 가장 간결하고 확실한 방법이다.

그럼 상정, 중정, 하정은 무엇인가? 상정은 초년의 운수, 조상, 부모, 윗사람, 지력, 관록, 숙명 등을 본다. 중정은 중년운수에 대한 강약을 나타내고 자기의 역량, 의지, 재운 등을 본다. 하정은 만년의 운수를 나타내고 자손, 손아래사람, 부하, 집안의 운기, 지위의 안정 등을 비롯해 정적인 면을 본다.

1) 상정

부모의 은혜가 많아서 초년
운이 좋고 우수한 지능을 지
니고 있다. 이와 반대로 상
정이 발달하지 못했거나 상
처나 그 밖의 결함이 있다면
부모와의 인연이 박복하고
윗사람의 이끌음이 적으며
기복과 파란만장할 운수다.

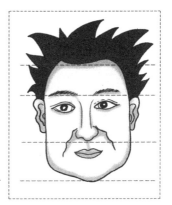

얼굴을 보면 사람을 알 수가 있다

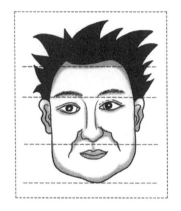

2) 중정

적극적인 의욕과 기력이 왕성해서 자신의 의지를 곧바로 행동에 옮겨 현실사회에서 크게 분발하기 때문에 목적을 틀림없이 달성한다. 또한 중년운의 견실함을 나타내고 있다. 이와 반대로 발달하지 않거나 결함이 있다면 사상의 통일성이 없고 소극적이라 독립정신이 없으며, 재주가 있더라도 실행력이 부족하기 때문에 우두머리가 될 수 없을 뿐더러 목적 또한 달성하지 못한다.

3) 하정

정이 두터워 손아래사람이
나 부하의 운이 좋다. 더구
나 주택 쪽에 운이 좋고 미
각이 발달했기 때문에 식복
이 있다. 또 턱이 불룩하고
복스런 것은 만년이 안정되
고 장수를 누린다. 이와 반

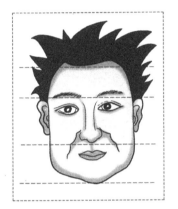

대로 발달하지 않았다면 정이 부족해 신경질적이고 인간
관계가 원만하지 못해 부하들에게 좋은 인상을 주지 못한
다.

상정을 또다시 셋으로 구분한다면 상부, 중부, 하부로 나
눈다. 상부는 선악의 판단, 반성심, 추리력, 창조력의 강
약을 나타낸다. 중부는 기억력, 상식, 지식, 바른 판단력
을 나타낸다. 하부는 직각력, 관찰력, 계수재능, 실 형태
등을 타나낸다.

이마를 보면 사람을 알 수가 있다

이마의 관상 보는 법

난액 이마

이마와 머리카락의 경계가 고루지 않고 불규칙한 모양을 말한다. 이런 사람은 도덕적인 사고방식이 박약하며, 비겁해서 입만 살아있고 윗사람과의 반목이 있거나 반항하는 반역악인의 상이다. 끊임없는 고생과 파란이 많은 삶인데 여성은 남편 복이 없는 과부상이다.

이마를 보면 사람을 알 수가 있다

여액 이마

이마와 머리카락 경계가 아 치처럼 생긴 모양을 말한다. 이런 사람이 여성일 경우 대 부분 과부상다. 즉 초혼으로 끝나지 않고 재혼하거나 혼 자 살 팔자의 운수다. 그러 나 남성인 경우 대부분 인간 적으로 성격이 좋고 온순하지만, 남자로서 패기가 없는 게 단점이다.

이마를 보면 사람을 알 수가 있다

원만액 이마

이미와 머리카락의 경계가 짙은 모양을 말한다. 이런 사람은 지성이 없고 게으르며 영속성이 없다. 그렇지만 성격은 온화하고 애정이 짙다. 그렇지만 귀가 얇아 남의 말을 쉽게 믿고 인정에 이끌려 속든가 남 때문에 피해를 입기 쉬운 것이 단점이다. 남성일 경우 여성적 성격을 띠고 있기 때문에 의지가 약하고 자기 힘으로 운명을 타개해 나갈 힘이 없다.

이마를 보면 사람을 알 수가 있다

각액 이마

이마와 머리카락의 경계가 일직선이고 양끝이 모가 난 모양을 말한다. 이것을 일명 남액이라고도 하는데, 이런 사람은 사회의 실정에 통달해 일을 꼼꼼하게 처리하는 실무적인 인물이다. 알맞은 직업으로는 실업가, 과학자 등으로 중년이 지나야만 성공할 수가 있다.

또 이마의 폭이 좁은 모양도 각액이라고 한다. 이런 사람은 신경질적이고 꼼꼼하고 마음이 좁고 스케일이 작아 큰일과는 거리가 멀다. 여성인 경우는 강성이며 자칫 남편과 불화를 일으키기 쉽고 직업을 가져 자활하는데 적당하다.

이마를 보면 사람을 알 수가 있다

M자액 이마

이마와 머리카락의 경계가 M자처럼 생긴 것을 말한다. 이런 사람은 두뇌가 명철하고 이론을 즐기며 독창성이 있다.

이마를 보면 사람을 알 수가 있다

다른 M자형 이마

직업으로는 문예, 미술, 기예방면이나 학문, 연구 분야로 나가면 성공한다. 또 M의 유형이 넓지 않고 좁은 것은 창의나 창작 면에서 재능이 없지만 단지 사람 좋다는 게 장점이다.

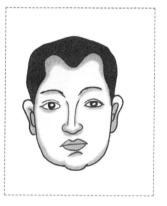

이마를 보면 사람을 알 수가 있다

옆 얼굴의 관상 보는 법

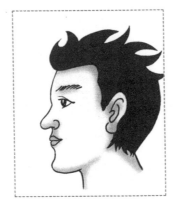

얼굴을 측면에서 봤을 경우 이마가 볼록하게 튀어나와 있는 철면(凸)모양, 즉 중고의 얼굴과 그 반대로 이마가 오목하게 들어가 있는 요면(凹)모양이 있다.

철면인 사람은 적극적이고 명랑하여 외교적이며, 매사를 밝게 전진적으로 생각하여 행동한다. 이와 반대로 요면인 사람은 소극적이고 음성적인데, 내향적인 생각을 갖고 있으며 행동적이 아니고 사색적이다.

다음은 이마가 발달되지 않고 턱 쪽이 발달한 유형(A그림)은 이지가 결핍되어 있으며 본능적이고 행동적이다. 따라서 문화적인 일과는 거리가 멀다.

이마를 보면 사람을 알 수가 있다

이와는 반대로 이마가 발달되고 턱 쪽이 발달되지 않는 유형은 두뇌가 잘 발달되어 이지적이지만 행동성이 부족하다. 다시 말해 문화적이지만 실천력이 부족하고 생활력이 약하다.

결론적으로 상부가 발달되어 있을수록 이지적이고 하부가 발달돼 있을수록 행동적이라는 것을 알았을 것이다.

이처럼 옆얼굴의 아름다움과 흉함의 상을 무시할 수 없다. 예를 들어 아무리 정면의 인상이 아름답고 온화하더라도 옆얼굴이 추하다면 생활에 무언가가 결여되어 있는 것이다. 이와 반대로 정면의 인상이 나쁘더라도 옆얼굴이 좋을 경우엔 비록 외교상이나 교제상에서 결여되어 있더라도 외면적으로는 행복하고 바른 사람인 것이다.

눈썹을 보면 사람을 알 수가 있다

눈썹은 인간성의 상징이다.

눈썹은 다른 동물들에도 있다. 하지만 인간의 것은 다른 동물에 비해 두드러져 있어 상징적이라고 해도 좋다. 눈썹의 의미는 미감, 취미, 문학, 포부, 신퇴, 덕의, 예양 등인데 이런 것을 가장 명백하게 나타낸다. 눈썹은 약간의 전기력을 띠고 있어 정신 상태나 활력의 강약 등에 따라 색채와 그 모양에 변화가 생긴다.

눈썹을 형제궁, 보수궁, 문장궁 등으로도 부르고 있는데, 이런 다양한 이름이 보여주듯 눈썹에는 그런 의미가 함축되어 있는 것이다.

1) 형제궁 형제, 자매, 친척, 일족, 친구관계가 좋다.

2) 보수궁 수명, 건강의 좋고 나쁨을 표시하고 눈썹이 긴 것은 장수한 사람에게 많다.

3) 문장궁 글재주나 그림재주를 표시한다. 즉 아름다운 눈썹은 심성이 뛰어나 예술적 감각과 감수성의 풍부함을 나타내며, 고루지 못한 눈썹은 심성이 조잡하고 감각에 윤기가 없어 품성에 결함이 있다.

눈썹을 보면 사람을 알 수가 있다

눈썹모양에 의한 관상

눈썹모양에도 길흉이 되는 상이 있는데 차례대로 설명해보겠다.

1) 눈썹은 좌우의 눈썹중간(미간)에 자기의 엄지손가락을 넣어 조금 여유가 있는 것이 좋은 관상이다.

2) 눈썹이 약간 완곡 된 아름다운 모양인네, 눈썹 양끝의 위치가 수평선상에 위아래가 없게나 있음이 표준이다.

3) 눈썹의 길이는 눈보다 약간 긴 것이 좋은 관상이다.

4) 눈썹이 고루고 너무 짙지도 않으면서 드문드문도 아니고 눈썹머리에서 눈썹꼬리 쪽으로 자연스럽게 나있으며 온화한 느낌의 관상으로 본다. 이와 반대로 눈썹의 생김이 반대이거나 뒤섞여 고루지 못한 것은 흉상이다.

5) 남성의 눈썹이 가늘고 아름다운 것은 오히려 좋지 않다. 즉 당당히 솟아있는 듯한 모양이어야만 위엄이 있다. 그렇다고 사납게 보여선 안 되며 눈썹꼬리가 눈썹머리보다 약간 올라가 있는 것이 좋은 관상이다.

6) 여성은 완만한 포물선을 그리고 아름답게 흐르는 듯

눈썹을 보면 사람을 알 수가 있다

한 선으로 된 유한 모양이 좋은 관상이다. 한마디로 아름다운 눈썹은 그 인격 또한 아름답게 갖추어져 있음을 말해준다.

눈썹을 보면 사람을 알 수가 있다

짧은 눈썹의 여성은 남편을 망친다.

 눈썹이 짧은 여성은 부부운이 좋지 않다. 서로 사랑하고 이상적인 남성과 결혼했다 하떠라도 언젠가 남편을 불행하게 만든다. 그렇지 않으면 육친과 인연이 없

다. 눈썹이 눈보다 길면 긴 눈썹으로 눈 꼬리보다 짧으면 짧은 눈썹이라 판정하는데, 약간 긴 것이 보통이고 긴 것 뿐만 아니라 털이 일정하며 윤기가 있는 것이 양상이다. 남성도 마찬가지이다.

눈썹을 보면 사람을 알 수가 있다

남성도 짧은 눈썹의 사람은 아내를 울린다. 방탕이나 생활고 등의 이유는 여러 가지가 있지만 물질적이나 정신적으로 아내를 한탄케 하는 것은 변함이 없다. 짧으면서 꼬리가 치올라간 눈썹이라면 생활이 여의치 못하고, 지금 좋을 것 같다가 금방 나빠진다. 남녀를 불문하고 짧은 눈썹은 나쁘다.

눈썹을 보면 사람을 알 수가 있다

남편은 긴 눈썹이 있는 남성을 골라라.

좌우의 눈썹에 높고 낮은 것이 있어 짝짝인 것은 이복형
제가 있다. 그리
고 이야기를 할
때 미간을 모으고
지껄이는 사람이
다. 이것은 만년
에 고독할 상이
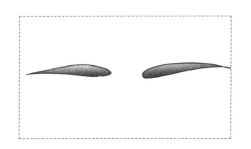
다. 또한 한일자의 뚜렷한 눈썹은 대체로 손재주가 없으
며, 띠에 따라 다소 다르지만(가령 원숭이띠는 손재주가
있고 기계를 만지기 좋아한다) 눈썹이 완곡 되어 있을수
록 손재주가 있다.

그리고 눈두덩에 점이 있다면 그것이 적을수록 지능이
뛰어나다. 눈썹 속이라면 어디에 있던 좋다. 다만 작아야
하고 큰 것은 안 된다. 그리고 대체로 눈썹에 점이 있는
사람은(대소를 막론하고) 자존심이 강하다. 그리고 눈두
덩에 점이 있다면 반드시 손목이나 팔에도 점이 있다. 오

눈썹을 보면 사람을 알 수가 있다

른쪽 미구에 점이 있는 사람은 오른 손에 점이 있다.

또한 이마의 점이라도 눈썹꼬리에 점이나 상처가 있으면, 사업에 열중한 나머지 실패하고 재산을 잃는다. 투자한 경우도 마찬가지인데 적극적이라 더더욱 재산을 없애는 것이다.

그리고 눈썹에 한두 가닥 특별히 긴 털이 있으면 길상이며, 그 털에 윤기가 있고 번쩍 빛나는 것은 관상학으로 '채'라고 하며 본인은 물론 집안에서 뛰어나게 성공할 인물이 나타난다. 예를 들어 공자는 이 '채'가 세 가닥 있었다고 한다.

눈썹을 보면 사람을 알 수가 있다

용두호미형

자못 남성적이고 거만한 느
낌을 가지고 있다. 직업으로
말하자면 군인, 검사, 판사
등 위엄을 필요로 하는데 적
합하다. 하지만 상인 등에는
부적당하다. 이런 눈썹은 여
성에겐 대체로 없지만 만약
이 모양의 여성이 있다면 온

화한 성격을 갖지 못해 불화와 투쟁을 일으켜 남편을 해
치는 흉상이다.

눈썹을 보면 사람을 알 수가 있다

검미형

 자칫 감정에 말리기 쉽고 성급하며, 자기고집으로 인해 자신의 신념을 관철하는 단점이 있기 때문에, 타인과 화합하지 못해 다툼과 충돌이 많다. 여성의 경우 동성은 물론 남편에게까지 배반하거나 반항하고 격하기 쉽기 때문에 부부싸움이 그칠 날이 없으며, 평생 불안정한 생활을 하게 된다.

눈썹을 보면 사람을 알 수가 있다

귀미형

털이 상하좌우로 엇갈려 촘촘히 나있고 눈을 덮듯이 굵고 사나운 모양을 말한다. 이런 사람은 성질이 사납고 잔인하며 금수와 같은 짓으로 세상에 해를 끼친다는 흉상이다. 즉 어떤 일을 하는데 있어서 거짓말로 남을 속

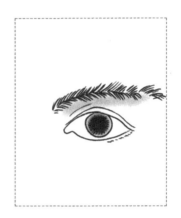

이고 자기욕심을 채우기 위해 수단과 방법을 가리지 않는다. 더구나 부부생활은 영속되지 못하고 자주 인연이 바뀐다.

눈썹을 보면 사람을 알 수가 있다

교착미형

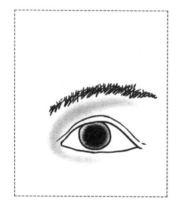

남과의 다툼이 끊이지 않고 친숙할 수 없는 성격의 소유자다. 더구나 하는 일에 마무리와 통일이 없고 한 가지 일을 완전히 달성하지 못한다. 특히 이성문제에도 원만하지 못하고 여난이 있는 관상이다.

눈썹을 보면 사람을 알 수가 있다

나모미형

짙고 털끝이 곱슬곱슬한 모양을 말한다. 이런 사람은 승려가 될 관상인데, 만약 승려가 되지 않으면 고독하고 처가와의 인연도 박한 관상이다.

눈썹을 보면 사람을 알 수가 있다

전추미형

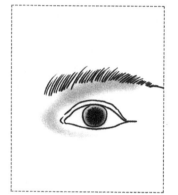

초년의 운이 왕성해 행복하게 보내지만, 만년이 되면 운이 내리막길로 접어들어 고독해지거나 불행을 만날 관상이다. 처음 부부생활은 좋지만 나중에는 불화를 초래하는 경향이 있다.

눈썹을 보면 사람을 알 수가 있다

후추미형

전추미형과는 반대로 초년
의 운이 그다지 좋지 않지만
차츰 좋아져 만년에 이르러
행복해지는 관상이다.

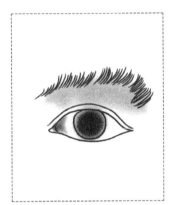

눈썹을 보면 사람을 알 수가 있다

선모미형

중간쯤이나 끝 쪽에 선모가 있는 관상인데, 성격이 일정치 않고 변화무쌍하며 반항심과 함께 사람을 배신하는 단점이 있다. 특히 쌍둥이를 형제자매로 갖는 경향이 있다.

눈썹을 보면 사람을 알 수가 있다

파상미형

물결모양을 하고 있는 관상인데 마음의 균형을 잃고 상식에 벗어난 일을 태연히 처리한다. 감정에도 변덕이 많아 남과 협동하고 보조를 맞추질 못하고 금전운까지 좋지 않다.

눈썹을 보면 사람을 알 수가 있다

부동미형

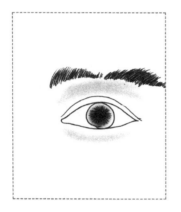

좌우의 눈썹이 현저하게 같지 않은 짝짝이 눈썹을 말한다. 이런 사람은 유전이나 혈통이 정상이 아님을 나타내는 것으로 배다른 형제에게 많이 볼 수 있다. 성격적으로 결함이 있고 이기주의며 운수까지 좋지 않다. 또한 끈기가 모자라고 쉽게 싫증을 잘 내기 때문에 무슨 일을 마지막까지 완성하지 못하고 대부분 중간에서 끝을 낸다.

눈썹을 보면 사람을 알 수가 있다

소산미형

털이 드물어 살결이 들여다 보이는 것인데, 운수의 기복이 심하고 변화가 많다. 외면은 좋게 보이지만 내면은 나쁘다. 특히 금전에 사유롭지 못하고 주택과 식복도 없는 관상이다.

눈썹을 보면 사람을 알 수가 있다

박미형

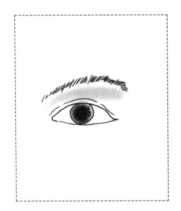

가늘고 엷은 것을 말한다. 이런 사람은 형제의 인연이 없고 또 형제나 친구 때문에 고생하기 쉽다. 또 친구도 취미도 적다. 말을 잘하고 요령이 좋은 점도 있지만 색에 주의해야 한다. 눈썹머리 쪽이 엷은 사람은 초년에 근심이 있고 애정이 적으며, 지식을 배우려고 하는 의욕도 없다. 중간쯤이 엷은 사람은 중년의 불운을 나타낸다. 그리고 뒤쪽이 엷은 사람은 말년이 불운하고, 노년이 되어 눈썹머리 쪽이 벗어지는 사람은 오히려 좋은 관상이다.

눈썹을 보면 사람을 알 수가 있다

간단미형

눈썹이 중단되어 있는 것을 말한다. 이것이 천성적이 아니라 종기나 상처에 의해 생겼을 경우라도 마찬가지로 판단한다. 이런 사람은 형제자매와의 인연이 멀고 우애도 적다. 사업 등 무슨 일에도 중간에 좌절되는 일이 많

다. 또 조부모나 부모를 생각하지 않으며 정조관념이 부족해 불운의 경향이 있다.

눈썹을 보면 사람을 알 수가 있다

초승달형

여성적인 눈썹으로 우아한 느낌을 준다. 이런 사람은 감수성이 풍부하고 예술을 즐기며, 직업으로서 성공의 가능성이 크지만 치밀하고 계산적인 일과는 거리가 멀다. 또한 대체적으로 소극적이고 실천력이 약하고 사람을 잘 믿어 유혹에 잘 빠진다. 자비심이 있고 자손형제와의 인연에는 좋다.

하지만 너무 가늘거나, 눈보다 훨씬 위쪽에 달려있는 여성은 천성적으로 색정의 욕망이 크고 방탕을 한다. 그만큼 정력이 왕성하기 때문에 색난의 상인 것이다. 여기서 눈썹이 위에 달려있다는 것, 즉 전택이 넓은 것을 말하지만 전택에 대해선 나중에 설명하겠다. 여담이지만 눈 둔덕에 분포된 신경은 생리적으로나 심리적으로 매우 민감

눈썹을 보면 사람을 알 수가 있다

하여, 여성이 멘스 할 때 눈썹이 곤두서는 일이 많다. 평
소엔 잠자고 있다가 생리 때에 곤두선다.

남성의 경우 여성적이기 때문에 무언가 부모의 짐이 되
기 쉽다. 또 자기의 힘보다 이성의 조력, 애정에 의해 개
운하는 관상이다. 성격도 자극적이지 않고 남에게 의지
하는 일이 많은 마음 약함이 있다.

눈썹을 보면 사람을 알 수가 있다

일문자미형

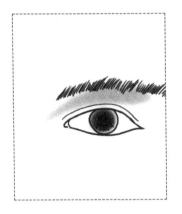

곧은 성격에 전후를 돌아보지 않고 행동하는 점이 있으며 결단력이 있고 행동적이다. 위 그림은 정력이 강한 반면 손재주가 없지만 무엇이건 하려는 의욕은 강하다. 또한 정직한 면도 있지만 이기적인 면도 있다. 아래 그림처럼 눈썹의 털이 뾰족한 것은 형제복이 없음을 말해준다. 여성은 남성적으로 흘러 가정부인으로선 부적당하다. 또 감정이 차갑고 무엇이건 이론적으로 따지려는 경향이 있어 가정을 갖더라도 따뜻한 맛이 없다.

삼각미형

저돌적인데 고집이 세고 대담하며 인내력이 있어 약간의 어려운 일이라도 부딪혀 나가는 장점이 있다. 또 스스로 고난을 찾아 도전하려는 의욕이 있기 때문에 웬만한 일은 확실하게 완수한다. 눈썹의 중앙이 융기한 것(그림)은 색채와 형상감각에 뛰어나 미술가들에게 많은 관상이다. 또 그 아래 그림의 눈썹도 미술뿐만 아니라 한 가지 재주에 뛰어난 관상이다.

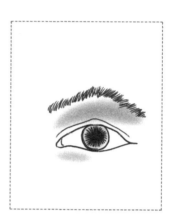

눈썹을 보면 사람을 알 수가 있다

팔자미형

태평한 성격과 명랑한 성격을 지니고 있어 사람들에게 친절하고 화합하기 쉬운 인물이다. 겉보기에는 어딘가 모자라는 것 같지만 그렇지 않다. 낙천적이긴 하지만 경제적인 측면에선 상당히 재운이 있어 생활에는 걱정이 없다. 그러나 결혼운도 좋지 않다. 여성의 경우 부모를 위해 고생할 관상으로, 결혼운도 좋지 않아 초혼이 깨어져 재혼하거나 인연이 없어서 만혼하는 운이다.

눈썹을 보면 사람을 알 수가 있다

역모형

눈썹 속에 역모가 있는 것
은 말한다. 성격이 온순하지
못하고 작은 일에도 쉽게 성
을 잘 낸다. 남과의 화합에
서도 원만하지 못하며 윗사
람과 충돌하여 자신의 운수
를 깨는 사람이다.

눈썹을 보면 사람을 알 수가 있다

미구 보는 법

미구란 눈썹이 나있는 근처의 살(또는 뼈)이며 이것이 도톰하게 올라온 사람이 있다. 주로 남성에게 볼 수 있는 것으로 특히 외국인에겐 남녀를 불문하고 이러한 미구가 높은 사람이 많다. 이것은 노력가나 열혈한의 상으로서 분석적인 관찰능력이 뛰어나고 직감력이 날카롭다.

또한 관상학으로 '미목이 높은 것은 대귀의 상이다.' 라고 찬미하고 있기 때문에, 남녀를 불문하고 미구가 높은 것은 자존심이 강한 성품에 행동적인 성격이다.

다만 이런 사람은 너무 날카로운 나머지 매사를 지나치는 것이 결점이고 성미가 너무 격한데, 특히 눈썹이 가늘고 미구가 높으며 털이 거친 사람은 지레짐작한 나머지 엉뚱한 짓을 하기가 쉽다. 미구가 높고 얼마간 둥근 맛이 있는 꼬리 쪽이 굵어진 짙은 눈썹이라면 이상적인 상으로 직감력이 잘 들어맞는다.

한편 미구가 낮은 사람은 남녀를 불문하고 정신적이나 철학적이며 행동보다 생각이 많다. 짙은 눈썹이 이상적

눈썹을 보면 사람을 알 수가 있다

이라 했는데, 확실히 눈썹이 엷은 사람은 윗사람이 될 재주가 없다. 즉 지도자로선 부적당하다. 그러나 너무 짙으면 둥근 맛이 없고, 꼬리가 치켜 올라간 한일자의 눈썹은 마음먹은 일을 전 후 분간 없이 해치는 유형이라 타인과 타협심이 없다. 그리고 형제의 사이도 나쁘다.

여성으로서 이처럼 꼬리가 치올라간 짙은 눈썹은 과부상이며, 동성에 대해서 동정심이란 없고 이성에게 적극적이다. 또한 노년에 이르러도 눈썹이 검고 짙은 사람은 후계자가 없으며, 그 사람이 사장이라면 언제까지 일선에서 일해야만 한다. 즉 타인의 결점을 쉽사리 발견하고 위태롭게 생각하여 뒷일을 맡기지 못하는 것이다. 눈썹은 나이를 먹어감에 따라 엷게(희게)되어가는 것이 자연스럽다.

눈썹을 보면 사람을 알 수가 있다

미간이 좁은 여성은?

미간은 그 사람의 손가락 둘이 들어갈 정도가 표준이며, 이 간격이 넓은 남성은 기우광대의 상이라고 한다. 그러나 너무 넓으면 '우자의 상' 이 된다.

아이들로 미간의 사이가 손가락 세 개쯤 들어가는 것은 조숙아로서 남녀를 불문하고 깜찍하다. 성숙한 여성으로 미간이 넓은 것은 매우 음탕하다. 또 미간이 넓고 코끝의 살이 깎인 부인은 '남편을 망치는 악녀' 라고 관상학에선 말하고 있다.

반대로 미간이 좁게 접근한 여성은 결혼운이 나쁘다. 남성의 미간이 좁은 것도 좋지 않다. 걱정이 많은 신경질의 성격소유자로서 열심히 일을 하는 반면 윗사람의 인정을 받지 못한다. 미간이 좁을수록 이 불운은 배가되며 처복도 나쁘다.

눈썹을 보면 사람을 알 수가 있다

전택이란?

눈썹은 눈꺼풀 위에 있다. 이 눈과 눈썹사이를 관상학에선 '전택' 이라고 부른다. 전택은 위 눈꺼풀과 공통되지만, 눈꺼풀 위와 눈썹 아래의 틈도 포함되기 때문에 위 눈꺼풀보다는 범위가 넓다. 전택은 문자 그대로 전

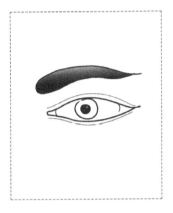

답이나 집 같은 부동산을 나타내는 곳으로 이 전택이 넓은 사람은 천운의 혜택이 있다. 부모형제나 배우자의 재산을 상속하는 길상으로, 소위 눈썹이 옅은 사람은 이런 운이 없다.

또한 전택이 넓어도 여기에 상처나 점이 있다면 부모의 유산이 아무것도 없다. 유산을 상속해도 이것을 상실하는데 여성도 마찬가지다. 전택은 섹스와 깊은 관련이 있다. 전택은 젊을 때 도톰하고 넓어도 노년에 이를수록 움

눈썹을 보면 사람을 알 수가 있다

푹해지는 것이다.

 그것이 언제까지나 살집이 좋고 눈꺼풀이 부은 듯한 느낌의 사람은 매우 음탕하며 정력이 강하다. 여성도 이와 마찬가지인데 눈이 부은 듯 살이 도톰하게 두터운 전택의 여인은 그만치 색욕이 강하고 남자 없이 못산다.

눈썹을 보면 사람을 알 수가 있다

눈썹 털에 의한 관상

눈썹의 상은 모양뿐만 아니라 털의 윤기를 보는 것도 중요하다. 기름기가 너무 많아 번들번들하게 반짝이고 있는 것은 가정에 근심이 있다든가 아내가 부정을 저지르는 걸 의미하며, 또한 병이 걸릴 징조라고 풀이한다. 또 윤기가 있어 검고 축축하게 젖어 있는 듯한 눈썹은 색을 밝히는 상으로, 여성은 특히 주의해야 한다.

연소자의 눈썹에 윤기가 생기든가 거뭇거뭇한 것은 춘정이 발동한 징조다.

1) 눈썹털이 빳빳하고 꺾기거나 빠지는 건 대란의 전조이다.

2) 눈썹털이 풍성한 건 운수가 세고, 눈을 가릴만한 것은 융통이 적으며 응용의 재치가 없다. 털이 굵은 사람은 운이 열리는 것이 늦고 대기만성이다.

3) 눈썹머리의 털이 두 세 가닥 서있는 건 감정가로 볼 수 있다. 밤송이처럼 서있는 것도 같은 의미인데 신경쇠

눈썹을 보면 사람을 알 수가 있다

약에 걸려있다고 볼 수 있으며 정신이 불안정하여 성내기
잘하는 것이 특징이다.

4) 눈썹털이 곤두서는 것은 감정이 풍부하지 않고 거칠
어져 있는 것이다.

5) 눈썹에 지저분한 것이 있으면 금전적인 여유가 없어
곤란을 받고 있는 징조이며 운기가 내리막길에 있음을 나
타내고 있다.

6) 눈썹털이 짧고 절단돼 있는 것이나 사각눈썹에 털이
굵고 짧은 것은 수명이 길지 않다.

7) 눈썹 털 중 한 가닥만 뛰어나게 긴 털이 있는 건 장수
의 상이다. 그러나 너무 길 경우엔 음란의 상이다.

8) 오십 세 이전에 눈썹에 새치가 생기는 건 운수가 하강
을 나타낸다.

9) 짙은 눈썹은 부모의 노후를 책임지거나 양자나 후계
자 등에 많다. 또 형제의 수효가 많다든가 형제의 사이가
좋다든가 형제에게 은혜를 받기 쉬운 점이 있다. 정력이

눈썹을 보면 사람을 알 수가 있다

왕성하여 색정 면에서 실패하기 쉽다. 성격은 정정당당
하고 공명정대하며 악인이 없다. 또 문장이나 문필방면
에 뛰어난 재능을 지니고 있다.

10) 남자의 눈썹이 짧고 털이 짙은 것은 집안과의 인연은
엷지만 남자다움이 있고, 자기 힘으로 입신출세한다. 또
강직하고 발분하는 기질까지 있다.

11) 여성의 눈썹이 굵은 것은 사납고 민 자국이 푸릇푸릇
하면 과부상이다.

12) 눈썹이 바탕 살이 보일만큼 드문 것은 다음과 같은
특징이 있다.

가. 투지가 박복하다.

나. 정면으로 당당하게 부딪치지 못하지만 요령이 좋다.

다. 상대의 틈을 타서 남을 쓰러뜨리는 계책을 쓸 줄 안다.

라. 여성에 대해서 말솜씨가 좋고 신뢰를 잘 얻지만, 결
과적으로는 불행을   보든가 손해를 입든가 한다.

마. 형제나 집안과의 인연이 박복하여 도움을 받지 못하

눈썹을 보면 사람을 알 수가 있다

고 고독하다.

바. 문장이나 문필 면에서 재주가 없다.

눈썹을 보면 사람을 알 수가 있다

눈썹이 길거나 짧은 것에 대한 관상

눈썹의 길이는 눈보다 좀 길쭉한 것을 표준으로 삼는다.

긴 눈썹

형제나 집안의 은혜를 받는 관상으로 육친과의 인연이
좋다. 성격이 느긋한 편이고 자기 힘으로 매진하는 기질
이 부족하며 남의 힘에 의지하는 편이다. 여성의 경우 친
정을 자랑하든가 남편을 자랑하든가 혹은 호랑이의 위엄
을 빌리는 여우같은 언행이 적지 않다.

눈썹을 보면 사람을 알 수가 있다

짧은 눈썹

형제나 부모와의 인연이 박복하고 생이별이나 사별을 겪는다. 또 어렸을 때부터 고생이 많고 육친의 은혜를 받는 일이 적은 고독한 관상이다.

눈썹을 보면 사람을 알 수가 있다

눈썹으로 보는 오운의 관상

눈썹의 오른쪽과 왼쪽에는 각기 저마다의 의미가 담겨있다.

오른쪽 눈썹 … 공사, 남, 부, 형, 제

왼쪽 눈썹 … 사사, 여, 모, 자, 매

또 한 눈썹에는 그림처럼 다섯 가지 운이 표시되며

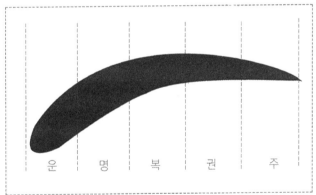

저마다 다른 의미가 담겨있다.

운 … 감정, 태어났을 때의 운을 나타낸다.

명 … 생명의 길이, 즉 수명을 나타낸다.

복 … 재운을 나타낸다.

눈썹을 보면 사람을 알 수가 있다

권 … 집안이나 친척 등과의 관계를 나타낸다.

주 … 주거에 관한 행불을 나타낸다.

눈썹의 오운이 저마다 아름답고 모양이 제대로 갖추어져 있다면 길상이다. 하지만 상처나 상처자국, 점 등이 있을 경우엔 대부분의 운이 나쁜 것을 나타낸다. 즉 '복' 부분에 상처나 점 등이 있으면 재운이 없다. 한마디로 돈에 괴로움을 당하는 운이다. 또 '운'의 부분에 결함이 있다면 투쟁을 즐기고 남에게 반역하는 상이다. '권'의 부분에 결함이 있다면 집안의 인연이 박복하고 고독하게 살게 되는 상이다.

눈썹을 보면 사람을 알 수가 있다

눈썹의 움직임과 눈썹의 간격으로 보는 관상

담화 중에 눈썹이 꿈틀 꿈틀 움직이는 것은 반역의 상이다.

웃을 때 자연히 눈썹이 올라가는 것은 운수가 좋고 악기가 없다.

눈썹을 모우는 것은 눈이나 건강이 나쁘든가 운이 차츰 내려가게 된다.

미간이 넓은 건 마음이 넓고 느긋하며 관대한 성격이다. 젊어서부터 운이 열린다. 여성은 사람이 좋고 결단력이 없어서 상대의 하자는 대로 따라간다. 자율심이 없고 정조관념이 부족하다.

미간이 좁은 사람은 운수가 열리는 것이 늦거나 모처럼의 운수를 놓치든가 매사 뜻대로 되지 않는다. 성격이 옹졸하고 신경질이며 운이 열리는 시기는 40세 이후라야만 된다.

눈썹을 보면 사람을 알 수가 있다

눈썹에 의한 직업관상

눈썹털이 길고 눈썹의 뼈가 두드러지면 수학, 질서, 대소, 시간 등의 심성발달을 의미한다. 적합한 직업은 공인회계사, 수학자, 기관사, 전기기사 등이다.

굵고 직선적인 눈썹은 강직하고 결단력이 있는데, 사람들 위에서 통솔하거나 행동적이며 실무적이다. 직업은 사업가, 지도자, 관리직 등이다.

모질이 굵고 거칠면서 천한 눈썹은 육체가 튼튼하며, 사색에 약하고 육체노동에 적합하다.

가늘고 유별난 모질의 눈썹은 섬세한 신경과 공정한 도덕관을 갖고 있기 때문에 예술가, 지식노동자, 종교가 등이 알맞은 직업이다.

눈을 보면 사람을 알 수 있다

눈은 마음을 비쳐준다.

사람들은 '눈은 마음의 창문'이라고 했다. 한마디로 눈을 보면 그 사람의 마음의 움직임이나 마음먹은 것을 안다고 의미로 일컬어져 왔다. 이처럼 눈은 사람들을 속이지 못하는 거울로 심성의 미추, 희로애락, 선악, 빈부귀천, 절조음란 등등의 온갖 인간의 마음상태를 표시한다.

'눈짓으로 말을 대신한다.' '말에 거짓은 있어도 눈에는 거짓 없다.'고 하듯이 눈을 보면 비록 말을 나누지 않아도 상대의 의사나 욕망을 알 수가 있으며 그 사람의 운수에 대한 성쇠도 볼 수가 있는 것이다.

눈이 맑다든가 흐리든가 하는데, 이처럼 맑고 흐린 것만으로도 여러 가지 의미를 찾아낼 수가 있다. 눈이 맑으면 마음이 맑고 흐려져 있으며 심성이 나쁘든가 혹은 신체에 이상이 있는 것이다. 즉 눈동자의 흐림은 마음이 흐리고 흰자의 흐림은 신체의 고장을 나타낸다.

눈을 보면 사람을 알 수 있다

꼬시려면 눈 큰 여성을 노려라.

눈이 큰 사람은 대체적으로 목소리가 좋고 음감과 리듬 감까지 발달해 노래를 잘 부르고 춤까지 잘 춘다. 성격은 활발하고 감수성이 풍부하며 말솜씨도 있다. 따라서 이런 남성은 플레이보이 기질이 있다.

이와 반대로 눈이 적은 남성은 말 주변이 없으며 미인을 유혹하지 못한다. 그렇지만 끈기와 인내가 있어 작가들이 많다. 또 노안이라 해서 눈꺼풀의 살이 없다시피 하고 눈알이 튀어나온 인상을 가졌으면 관찰력이 날카롭다.

눈이 큰 사람은 악인이 없는데 특히 여성이 그렇다. 눈은 마음의 창으로 눈이 큰 여성은 마음도 개방적이라 비밀은 숨겨두지 못한다. 성격은 양성이며 눈이 적은 여성보다 유혹에 넘어갈 확률이 높다.

눈을 보면 사람을 알 수 있다

코끼리 눈을 가진 남성은 만년에 대성공한다.

큰 눈에도 활력이 있는 눈과 흐릿한 눈이 있다. 활력 있는 눈은 뱃장도 크고 스케일이 크며, 비범한 수완가로 만년에 대사업을 이룩한다. 하지만 눈만 크고 몸집이 작으며 살도 보통이라면 남녀를 불문하고 조숙하고 향락주의자로 화려한 청춘을 보낸다.

길이와 폭도 없이 적다면 담력이 적고 마음도 좁은 사람으로 뚱뚱한 남성에게 비교적 많다. 마른사람이 오히려 눈이 또렷하다. 또 뚱뚱한 유형으로 눈이 가늘고 적은 사람을 유화한 인풍으로 볼 수 있지만 실제로는 절약가에 마음이 약하다. 이런 사람은 만년에 불운해 진다. 같은 적은 눈이라도 눈 꼬리가 긴 것은 별도다. 즉 코끼리 눈이라고 하는데 이것은 사색하는 사람의 눈이다. 인간은 생각을 할 때 저절로 눈이 가늘어진다. 즉 실눈은 사고력이 있고 자비가 있다.

눈을 보면 사람을 알 수 있다

눈이 튀어나온 여성은 젊어서 과부가 된다.

 여성의 눈이 튀어나오면 원안이 된다. 원안이란 상하의 폭이 넓은 눈을 말하며 이 눈의 여성은 청춘과부가 된다. 여성이 심한 원안이 되는 것은 갑상선 호르몬의 분비와 관계가 있는데, 사춘기에 성적으로 성숙해지면 갑상선이 발달하여 목이 굵어진다. 그것이 지나치면 바세도우씨병이 된다. 이 병은 성적으로 과도한 발육을 하기 때문에 몹시 음탕해진다.

눈을 보면 사람을 알 수 있다

이런 눈을 가진 남자는 경계하라.

삼백안은 눈꺼풀 가까이로 눈동자가 올라붙어 흰자가 눈동자의 좌우와 밑에 있는 것을 말한다. 예를 들면 사람을 노려보면 이러한 모양이 된다. 이 눈은 자존심이 강하고 고집이 센 천성으로 출세는 하지만 처자의 복이 없고 중년에는 폐가 망신한다.

이와 반대로 상삼백은 뱀눈이라고도 한다. 성격이 몹시 음험하고 도벽이 있는 범죄형으로 평소엔 말이 적고 얌전하지만 자기의 이해에 관계엔 본성이 드러나 어떤 짓을 할지도 모를 위험인물이다.

또 사백안으로 불리는 눈이 있는데, 이것은 눈동자의 사방에 흰자가 있는 것을 말한다. 남성일 경우는 대악무도, 즉 주인을 죽이는 것도 태연히 행하는 무서운 눈이지만, 여성인 경우는 난산의 상으로 흉부질환(주로 폐결핵)의 염려가 있다. 또한 남녀 모두 부부의 운이 나쁘기 때문에 만약 남성에게 처복이 있다면 자신은 병으로 괴로워한다.

눈을 보면 사람을 알 수 있다

눈이 맑은 여성은 히스테리이다.

흰자는 본래 담황색이어야 하고 이것만은 이종에 의한 차이가 없다. 서양인도 눈이 파란 것은 눈동자 탓이며 흰자는 엷은 노랑이다. 이런 흰자가 엷은 먹빛으로 흐려지고 더러운 반점이 나타날 때가 있다. 이것은 무엇인가 근심이 있는 것이다. 즉 심로로 눈이 흐려진 것으로 노육(눈 안쪽 흰자위에 삼각형으로 나와 있는 흰 막)이 빨갛게 충혈 된다. 이런 경우는 운수가 나쁘기 때문에 아무리 노력해도 잘 안 된다. 정답은 가만히 앉아서 흰자가 평소의 빛으로 돌아오기를 기다려야만 한다.

같은 담황색이라도 흰자가 맑지 못하고 빨갛게 흐려지는 것은 과도한 섹스 탓이다. 이와 반대로 흰자에 푸른 낌새가 있는 것은 여성에게만 볼 수 있는 현상으로 생식기의 발육부전을 나타낸다. 예를 들면 청순하고 병약한 소녀에게 많이 나타난다. 만약 20세가 넘어서까지 흰자에 푸른 기가 있다면 음모가 엷고 히스테리가 있는 것이다.

흰자가 갈색 빛으로 흐려있는 남성은 여자의 원한을 사

고 있다는 증거다. 눈동자와 흰자의 윤곽이 혼탁해서 또렷하지 않은 남성은 일생동안 피지 못하는 불운한 상이다.

눈동자의 갈색 빛은 한국 남성에게 많으며 전반적으로 다색계통으로 보이지만, 보통은 검게 보인다. 이것에 살색줄무늬가 첨가되어 있으면 다색의 눈으로 보이는데, 매우 잔인한 성격으로 성의가 없고 모략가다. 한편 여성의 눈동자에 갈색기운이 있으면 천성적으로 음탕하다. 정이 있을 듯해도 근본은 없다.

흰자나 눈동자의 빛깔에 관계없이 동공이 적으면 의지가 강하고 지조가 견고하며 돌다리도 두들기며 건너는 견실주의자다. 이와 반대로 동공이 크면 감정적으로 아무 계획도 없이 경솔한 짓을 저지른다. 더구나 육감은 예리하지만 인내력이 부족하다.

눈을 보면 사람을 알 수 있다

눈썹이 긴 여성은 병약하다.

눈썹이 길고 짙은 여성은 매력적으로 보이지만 병에 걸려있거나 선천적으로 몸이 약하다. 또 눈썹이 거의 없는 사람은 재치가 있지만 성격이 교활하다. 특히 여성이 눈썹이 없다면 자식에게 열성유전을 하기 때문에 불구나 기형의 아이를 낳는 확률이 높다. 이밖에 눈썹이 많은 사람은 손재주가 있으며, 눈썹이 길면 자수, 꽃꽂이, 피아니스트 등등 종사하는 여성이 많다.

눈을 보면 사람을 알 수 있다

쌍꺼풀을 가진 남성은 여성 때문에 실패한다.

여성의 쌍꺼풀은 눈매가 귀엽고 둥글게 보이기 때문에 보기 좋다. 쌍꺼풀에도 주름이 위의 눈과 하나가 되어있는 것과 떨어진 쌍꺼풀이 있다. 관상학에선 앞의 것을 정실부인의 눈, 뒤의 것을 첩의 눈으로 본다. 남성이 쌍꺼풀이 있는 것은 여자가 잘 따라 난을 만난다.

눈을 보면 사람을 알 수 있다

누당에 부풀음이 없는 여성은 남편 복이 없다.

눈 아래 반원형의 부분을 누당이라고 한다. 대부분의 여성은 눈 아래 완두콩껍질 모양의 부풀음이 있는데, 이 부풀음이 눈에 띄는 여성은 섹스에 대한 욕구가 강하다. 이와 반대로 누당이 없으면 남성운이 나쁘다.

누당은 자율신경중추가 분포되어 있는 곳으로 신장과 밀접한 관계가 있으며, 이곳의 살이 풍부한 사람은 남녀를 불문하고 정력이 왕성하다. 이 누당은 나이를 먹으면 처진다. 만약 젊은 여성으로 누당이 처지면 결혼생활에서 쓸쓸한 운명이라 남편의 사랑도 없고 자식들과 떨어져 산다.

눈을 보면 사람을 알 수 있다

눈 밑에 점이 있으면 유방에도 있다.

여성의 눈과 유방과 생식기는 서로 상호관계가 있다. 예를 들어 눈과 눈 사이가 넓은 여성은 유방과 유방사이도 넓다. 여성의 생식기에 병이 발생하면 젖도 잘 안나오고 눈까지 나빠진다. 따라서 눈 아래 점이 있으면 거의 유방에도 점이 있다. 눈 밑에(누당)에 있는 점은 자식 때문에 고생한다. 따라서 젖꼭지 부근에 점이 있는 여성은 아이들 교육에 신중해야 할 것이다.

아버지 왼쪽 눈 밑에 점이 있으면 장남 때문에 근심이 많다. 왼쪽 눈 꼬리 밑에 있으면 막내아들이 걱정이다. 이 점이 오른쪽 눈 밑에 있으면 딸의 혼사로 걱정하든가 병약하며 사생아를 날 운수다.

또 점과 눈의 관계는 어머니의 경우도 마찬가지인데, 가령 오른쪽 눈 꼬리 밑에 점이 있다면 딸 중에서 막내딸과의 인연이 없다. 오른쪽 눈 밑에 점이 있으면 딸 중에서 장녀가 고생한다.

눈을 보면 사람을 알 수 있다

눈 꼬리가 올라간 여성은 남편을 깔고 앉는다.

눈 꼬리를 관상에선 어미라고 부르는데, 어미가 올라간 것은 남성적이며, 어미가 내려간 것은 여성적이다.

여성이 어미가 올라갔다면 고집이 세고 적을 만들기 쉽고, 너무 자기주장을 내세우기 때문에 사람들에게 미움을 받는다. 하지만 어미가 올라가면 운이 좋다. 다만 어미가 올라가 있고 코가 오뚝하게 높은 사람은 만년에 고독해진다. 이런 사람은 남녀를 불문하고 너무 고집을 세우지 말아야 한다. 만약 여성이 눈 꼬리가 직선이거나 약간 내려간 것이 좋다. 올라간 것은 콧대가 세고 남편을 엉덩이에 깔고 내주장할 유형이다.

남녀 모두 눈 꼬리가 내려가면 수동적이고 소극적인 성격이며, 너무 내려가면 절제가 없다.

애꾸눈은 남녀를 불문하고 고집이 세다. 특히 남성으로 오른쪽 눈이 멀고 왼쪽 눈뿐이라면 몹시 고집이 세며 죽어도 말을 듣지 않는다.

눈을 보면 사람을 알 수 있다

눈 꼬리에 주름이 많은 남성은 단명 한다.

웃으면 어미(눈 꼬리)에 주름이 생기는 것은 방탕한 유형이다. 본래 어미의 주름은 젊었을 때 상하 두 줄이 있는 것이 보통이고, 그것이 서른 대여섯부터 세 줄이 되었다가 나이가 점점 먹어감에 따라 많아진다. 만약 서른도 안되어 어미에 주름이 많으면 허약하고 단명 한다. 이런 사람들은 말랐으며 누당에 살이 없다.

젊을 때 주름이 많으면 매우 방탕하기 때문에 도가 지나쳐 명을 재촉할 수도 있다. 반대로 나이가 들어 어미에 주름이 없다면 매우 여자를 밝히며 죽을 때까지 방탕한 짓을 한다. 중년이 지나도록 어미의 주림이 세 가닥이 되지 않고 두 가닥인 것을 성격이 칼칼한데, 이런 사람은 나이를 먹어감에 따라 고독하고 빈곤해진다.

눈을 보면 사람을 알 수 있다

어미에 점이 있는 여성은 손아래 남자를 사랑한다

눈과 코 뿌리 사이에 점이 있는 여성이라면 관상학으로 정조를 지키지 못한다. 이것은 귀천빈부를 막론하고 간통할 필연적 운명을 짊어진 부인으로 어떤 미인이나 정조 관념이 견고한 사람도 이 운명을 피하지 못한다. 이 점은 여성의 눈 좌우 어디에 있던 마찬가지인데, 우측의 점인 경우는 자발적으로 간통한다. 좌측에 있으면 타동적인데, 이것은 남자 쪽에서 강요되어 그렇게 된다.

이 점이 남성에게 있으면 유부녀를 좋아하고 스스로 유부녀와의 정사를 일생 몇 번인가 가진다. 같은 점이라도 눈 꼬리에 붙어있는 사람은 호색가로서 남성의 왼쪽 눈꼬리에 있다면 자발적인 색한이 되고, 오른쪽에 있다면 첩궁이라 하여 여성이 따르고 그녀를 살림시킨다. 여성이 이와 반대로 오른쪽에 있으면 자유 결혼하는데 반드시 실패한다. 또한 이 점이 눈 꼬리에서 위로 올라갈수록 비밀의 애인을 가질 운명이며, 소위 연하의 애인을 귀여워한다.

눈을 보면 사람을 알 수 있다

눈에는 세 가지 유형이 있다

눈도 각양각색으로 모두 각기 다른데, 그 형질을 나누면 영양질, 근골질, 심성질로 구분된다. 다음은 각각의 의미를 풀이해 보겠다.

1) 영양질
눈꺼풀에 살이 두툼하고 둥글고 크고 검은 눈동자가 큰 것 등 모두가 포함된다.

2) 근골질
긴 눈이나 흰자가 많은 눈으로써 투지적, 의욕적인 느낌이 드는 눈의 일체를 포함한다.

3) 심성질
아름답고 청결감이 있는 시원한 느낌이 주며, 길쭉하고 꼬리가 치켜 올라간 눈으로 정력적인 느낌이 없다.

눈을 보면 사람을 알 수 있다

눈 모양에 의한 관상

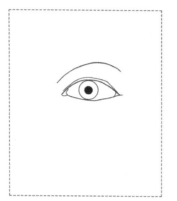

눈의 모양을 크게 나누면 크고 작은 눈, 불거진 눈, 쑥 들어간 눈 등 여러 가지가 있다.

1) 중안(작은 눈)

산골사람에게 많은데 한마디로 시골티가 풍기는 눈이다. 이 눈을 가진 사람은 의지가 굳고 굳세며 가난에도 잘 버텨내는 참을성이 있다. 사고방식도 보수적이고 좁으며 잘 따지는 성격이다.

더구나 집념이 강하고 이기적이긴 하지만 단결심이 있다. 반면 시기심이 강하고 격하기 쉬우며 좀처럼 식을 줄 모르는 단점이 있다. 만사 수수하기 때문에 변화를 즐기지 않고 기민성이 결여돼 있다. 의사표시가 능숙하지 못해 사교나 연애에 서툴러 뜻대로 되지 않는다. 따라서 예

능, 물장수, 장사엔 적당치 않으며 기술자라든가 수수한
행동력이 요구되는 노동적인 일에 알맞다.

눈을 보면 사람을 알 수 있다

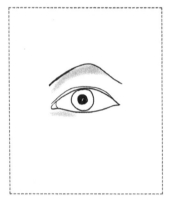

2) 경안(큰 눈)

도시나 해안지방 사람들에게서 많이 볼 수 있는 눈이다. 두뇌가 명석하고 정열적이며 희로애락을 곧잘 나타낸다. 그러나 격하기 쉽고 식기 쉬운 경향이 있고 지식이 넓지만 경솔한 것이 결점이다. 또 호언장담을 하거나 속기 쉬운 면도 있다. 하지만 박애주의이고 대담하며 너그러운 면도 있다. 예능 쪽이나 서비스업이 알맞은 직업이다.

3) 움푹한 눈

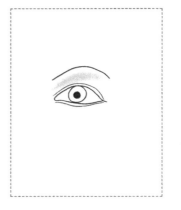

동양인에겐 적으며 서양인 같은 인상을 준다. 이 눈은 사물에 대한 깊은 관찰력이 있고 이성적으로는 우수한 능력을 갖고 있다. 하지만 애정에는 냉정하며 우월성을 가지고 있다. 또 조심스럽고 끈기가 있으며 의사표시가 서툴기 때문에 외교, 손님 등을 대하는 직업보다 견실한 직업에 종사하면 성공한다. 여성은 만혼형이라 자영업을 가지는 것이 좋다. 특히 유머가 적어 인간관계가 원활하지 않다.

눈을 보면 사람을 알 수 있다

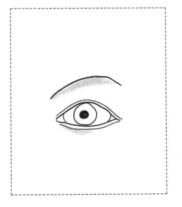

4) 불거진 눈

격하기 쉽고 식기 쉬운 성격이다. 남녀 모두가 조숙한 기질과 체질을 가지고 있다. 더욱이 이성문제의 실패나 초혼이 깨질 수가 있다. 불거진 눈에 눈꺼풀의 살이 두툼하면 정력적이고 대담한 노력가이며, 생활의욕이 왕성한 활동가로서 장년시대부터 두각을 나타낸다. 여성의 경우 대부분 남자 복이 없고 가사의 책임이 무거워 평생 비운에 사는 운수이다. 성격은 고집이 세고 웬만한 일에는 끄떡없지만 인간관계가 결핍되어 있다. 불거진 눈에 살이 엷고 툭 튀어나오면 남녀 모두 조숙하기 때문에 자칫 색에 휘말리기 쉽다. 하지만 사고력이 발달되어 감식안이 있고 빈틈이 없다. 단점으로는 마음이 약해 매사에 중간 좌절이 많다. 아래눈꺼풀

근처가 도톰하게 솟아 있으면 언어의 발달과 함께 재능이
풍부하며 달변가이다.

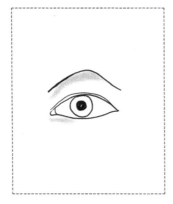

5) 보통 눈꺼풀

중안과 마찬가지로 매사 깊이 생각하고 시기심이 강하며 겁쟁이다. 밝은 측면으로 보면 고집쟁이에 끈기가 있지만 어두운 측면으로 보면 명랑이 부족해 비관적인 생각을 많이 한다.

6) 쌍꺼풀

경안과 마찬가지로 사치스
럽고 멋쟁이다. 여성의 경우
무작정 유행만 뒤쫓으면서
치장에만 몰두하며, 깊은 통
찰력이 부족하다. 또 순간의
감정에 휩싸여 안일한 행동
을 한다.

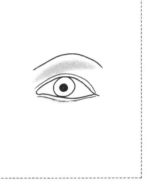

눈을 보면 사람을 알 수 있다

눈빛과 눈의 크고 작음에 의한 관상

1) 검은 색깔의 눈

정절과 순정을 나타낸다. 커다란 검은 눈이면 순정적이고 차분하며 상식이 발달해 원만하다. 작은 검은 눈이면 성미가 급하고 사람을 압도하는 힘을 가졌으며 이성을 잃었을 땐 잔인성이 폭발한다.

2) 다갈색의 눈

쾌활하고 재치가 넘치지만 묵직한 맛이 없고 경솔하다. 잿빛 눈은 원숙함을 나타낸다. 즉 노련함을 나타내고 세심해서 계산이 정확하지만 매우 냉담하다.

3) 좌우에 대소(大小)가 있는 눈

유전적으로 결함이 있는 사람이다. 즉 임신 때 정신 상태나 행실이 좋지 않다. 기질로 보면 색정이 농후해 이성문제로 괴로워하거나 싸움을 일으키기 쉽다. 따라서 이런 사람과는 가정적인 평화를 바랄 수가 없다. 남성의 왼쪽 눈이 작다면 공처가이고, 오른쪽 눈이 작다면 아내와의 융합이 잘 안된다. 여성의 경우는 대소가 있으면 남편에 의해 고생할 운수다.

4) 청, 백의 눈

눈의 '청'이 클수록 똑똑하고 이해력이 빠르다. '백'이 푸르스름한 것은 깔끔한 성격에 신경질이라서 성을 잘 낸다. '백'이 흐려져 있으면 정신이나 육체의 피로가 있다. '백'이 파랗고 흐려져 있는 것은 신경의 피로가 있으며 히스테리나 간질의 경향이 있다. '백' 전체가 노란 것은 황달이든가 아니면 중병의 징조다.

5) 사방삼백안

사방에 백이 크게 나타나 있는 눈을 말한다. 이런 눈을 가진 사람은 견실한 사고방식이나 도덕관이 없으며, 사람을 죽이는 것도 태연하리만큼 잔인한 마음을 가지고 있다. 여성은 난산을 하거나 정신착란에 빠질 수가 있다.

눈을 보면 사람을 알 수 있다

6) 상삼백안

이상이 높고 정신적인 성격으로 재주가 있지만 간혹 간사한 꾀를 부리는 사람도 있다.

7) 하삼백안

정신에 안정성이 없고 성급하며 나쁜 지혜가지 발달되어 사람을 속이는 재주가 있다.

8) 자웅눈

마음이 독한 관상, 즉 마음에 나쁜 생각이 들어 있는 것을 말한다. 여성은 깍쟁이에 약삭빠르고 달변가이지만 성격이 너무 거세어 남과 화합을 하지 못하고 결혼은 재혼한 관상이다.

9) 도화안

여성에게 많은데 눈의 윤곽이 아름답지만 눈동자에 광채가 없다. 지적능력이 약하고 계획성이 부족한 피동적 성

눈을 보면 사람을 알 수 있다

격이기 때문에 남성에게 항상 약하다. 팔자가 사나워 만년에 불행해질 관상인데 일반가정주부보다 첩에게 많이 나타난다.

10) 차륜안

번쩍번쩍 빛나고 회전하는 듯한 눈을 말한다. 감정이 온화하지 않고 성급하거나 격해서 싸움을 잘 한다.

11) 새눈

남성보다 여성에게 많이 나타난다. 눈꺼풀이 이중이나 삼중으로 되어 있는데, 느낌이 마치 새의 눈과 같은 것을 말한다. 남성인 경우 다정한 호색한이다. 여성인 경우 감수성이 좋고 사랑의 기교가 뛰어나며, 특히 남성의 총애를 받는 운수를 기지고 있다. 남과 대면하는 직업이 좋다.

12) 어안

물고기 모양의 눈을 말하는데 정이 많음과 동시에 색을
밝힌다.

13) 방울눈

정이 많으면서 바람둥이라 이성에 의해 고난을 당한다.

14) 여우눈(세모꼴 눈)

성미가 꿋꿋하고 남에게 지기 싫어하며, 질투심이 강해
히스테리가 되기 쉽다. 결혼생활에 파탄이 많은데, 만약
눈 주변에 결함이 있으면 이성 때문에 신세를 망친다.

눈과 눈썹에 의한 좋고 나쁨

1) 남자는 활안(사리를 밝게 관찰하는 눈)이라고 해서 눈에 생기가 있으면 좋은 관상이다.

2) 여자는 자안(자애로운 눈)이라고 해서 눈에 화기가 넘치면 좋은 관상이다.

3) 언제나 눈물에 젖어있는 듯한 촉촉한 눈은 음탕한 관상으로 매사에 느슨하고 맺고 끊는 맛이 없다.

4) 남과 이야기할 때 눈을 깜박이는 것은 비밀이 있거나, 거짓말을 하든가, 몸의 피로를 말해준다.

5) 남을 똑바로 쳐다보지 못하는 눈은 소심하거나, 약한 마음을 나타내든가, 나쁜 일을 꾸미고 있는 관상이다.

6) 남과 이야기하면서 눈길을 돌리는 것은 딴 생각을 하고 있거나, 기분이 안정되지 않거나, 상대를 비웃고 있거나, 성의가 없음을 말해준다.

7) 눈알을 좌우로 움직이는 것은 경계심이 강하든가 마음이 동요되고 있음을 말해준다.

8) 마주앉아 있으면서 위만 쳐다보는 것은 이상이 높든

눈을 보면 사람을 알 수 있다

가 상대를 경멸하고 있음을 말해준다.

9) 아래로 눈을 내리까는 것은 비밀이 있거나 마음의 작음을 말해준다.

10) 눈알을 자주 굴리는 사람은 기회를 엿보는데 재빠르며 감정에 잘 지배된다는 것을 말해준다.

11) 눈썹은 눈을 보호하기 위해 있지만 눈의 미관상에도 매우 중요하다. 눈썹이 두텁고 짙은 것은 애정이 농후하며 감동을 잘 한다.

12) 눈썹이 엷고 짧은 것은 따뜻함이 부족해 냉담 혹은 담백의 관상이다.

13) 눈썹이 드문드문하고 고루지 못한 것은 성격에 결함이 있는 관상이다.

눈을 보면 사람을 알 수 있다

적맥 적색에 의한 관상

눈의 모양이나 크고 작음과
는 별도로 눈에 빨간 혈맥
(핏발)이나 색깔이 나타나면
관상학적 혹은 건강상의 경
계신호로 보면 된다.

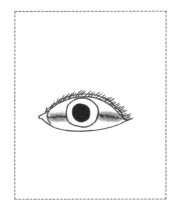

핏발이 눈동자를 가로질러
일직선이 된 경우

이런 눈은 검난(검에 찔리거나 다치는 것)의 관상이다.
적맥이 뿌리에서 시작되었을 경우엔 <u>스스로</u> 타인에게 해
를 끼친다. 이와 반대로 눈 꼬리에서 시작되는 경우엔 타
인에게 해를 받는다. 특히 눈 꼬리에서 시작되는 적맥이
있을 경우엔 재난을 피할 수 없다.

눈을 보면 사람을 알 수 있다

적맥이 나누어져 있을 경우

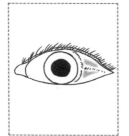

이건 색욕의 관상인데 간통을 했을 경우 많이 나타난다. 자손 중(눈 아랫부분 언저리에 검은 빛깔이 있으면 현재 병에 걸려있다)

맥에 붉은 점이 있을 경우

이것도 간통의 관상인데 이미 정교가 있음을 표시하고 있다.

눈을 보면 사람을 알 수 있다

맥에 핏줄이 격자무늬로 되어 있을 경우

이것은 죄를 짓고 수감될 관상이다. 또 코에 검은 자줏빛이 나타나는 것도 같은 의미다.

용궁 또는 어미(눈 꼬리)에서 피뢰침 같은 핏줄이 있을 경우

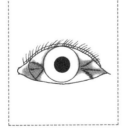

이건 사업의 실패나 좌절이나 기타 사정에 의해 파산할 관상이다. 어미, 즉 눈 꼬리에서 시작되고 있을 경우엔 공적인 일로 인해 발생된 파산이다. 반대로 용궁, 즉 눈머리에서 시작되고 있을 경우엔 사사로운 일로 인해 발생된 파산이다.

코를 보면 사람을 알 수가 있다

코는 인격의 표상

코는 안면중앙에서 돌출되어 있고, 안면길이의 약 3분의 1을 차지하고 있으며, 인간성의 상징을 나타낸다. 그리고 그 우열은 인격을 표시한다. 즉 후각기관인 코는 뇌의 중추신경과 매우 밀접한 관련이 있는데, 코의 발달과 비례된다. 즉 코의 높고 낮음과 모양은 외적인 자극 등에 의해 성립된 것이 아니라, 그 사람의 인격과 감각과 육체의 내부적인 조건에 의해 형성된 것이다. 따라서 코는 재력, 의지력, 정의감, 신체의 각부로 보는데 다음은 코에 따른 풀이를 설명하겠다.

1) 코는 자신의 인격으로 본다.

2) 자존심으로 본다.

3) 중년의 운수로 본다.

4) 현재의 운수로 본다.

5) 공격정신의 유무로 본다. 반대로 수비력도 본다.

6) 준두(코끝)는 남성의 성기로 본다. 여성은 가슴으로 본다.

7) 돈의 출납, 유무 등의 가능성으로 본다.

8) 코를 재백궁 또는 뇌옥궁이라고도 한다. 재백궁은 재산을 쌓아두는 곳이고, 뇌옥궁은 수감형벌을 나타내는 곳이며, 수감 때 코에 검은 자줏빛이 띠면 일이 있다.

9) 코는 얼굴의 중심이자 심벌의 하나다.

10) 코는 호흡기의 문이자 폐의 강약을 표시한다.

코를 보면 사람을 알 수가 있다

코 모양에 의한 관상

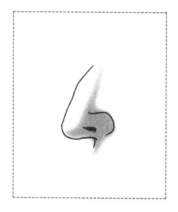

1) 높은 코

자존심이 강하고 자만심이 많으며, 교만하여 사람을 깔보는 경향이 있고 지배적인 입장에 서기를 좋아한다. 너무 오뚝한 코나 너무 긴 코는 생각이 깊기 때문에 너무 자질구레한 것까지 눈치가 빨라 오히려 그것이 방해가 된다. 품성이 높은 것은 좋지만 너무 이상을 뒤쫓다보니 현실에 어두워 사회사업, 종교가 등 정신적 방면과는 일치하지만 상업엔 맞지 않다. 때로는 염세적이고 고독할 수도 있으며, 금전적으로는 담백하기 때문에 낭비가 많아 재운과는 거리가 멀다.

2) 코 뿌리에서 끝에 이르는 중간이 솟아오른 코

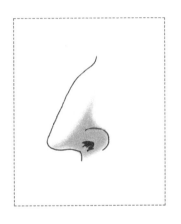

투쟁심이 강해서 타인과 불화가 끊임없다. 여성인 경우 남자의 운이 좋지 않아 고독한데 다시 말해 과부상이다. 즉 코끝(준두)이 오뚝한 사람은 자존심과 허영심이 강해 돈의 씀씀이 헤프기 때문에 금전적인 고생이 심하다.

풍만한 코는 코 전체가 크고 살집이 풍부한 것을 말한다. 하지만 너무 큰 것은 이기적이고 욕심이 많다.

코를 보면 사람을 알 수가 있다

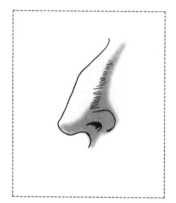

3) 낮은 코

소극적이고 겸허하여 스스로를 깎아내리는 성격이기 때문에 독립성이 없고 타인을 리드하는 이욕이나 수완이 없다.

4) 전체가 빈약한 코

어떤 일을 할 때 기력과 용기가 부족하고 의지력이 약해 독자적인 결단을 내리거나 인내하지 못하거나 실천력이 없어 생활력이 없으며 더욱이 재운도 없다. 육체적으로 보면 정력이 약하고 질병에 걸리기 쉽다.

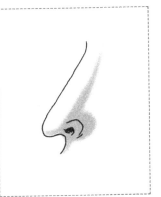

코를 보면 사람을 알 수가 있다

5) 작은 코

활동력이 결핍되어 큰 사업을 이룩할 수가 없으며 평생 고생을 한다. 짧은 코는 결단력이 부족하며 수고에 비해서 돌아오는 공이 없다. 또 경솔하고 소심하여 초년은 그럭저럭 지나가겠지만 중년이 되면 불우한 운수다. 여성은 남편 운이 없어 독신이나 생이별 혹은 사별하기 쉽다.

6) 구부러진 코

척추가 구부러져 있음을 나
타낸다. 신체가 허약할 뿐만
아니라 의지력이 약해 독자
적인 결단을 내리거나 인내
하지 못하고 심통이 사납다.
또 정의감도 모자라고 매사
극단으로 달리기 쉬우며 고

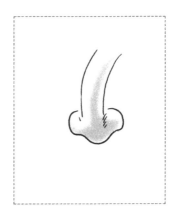

생한다. 여성인 경우 남편운이 없으며 재혼할 관상이다.
성격은 심술궂으며 자존심이 무척 강하다.

코를 보면 사람을 알 수가 있다

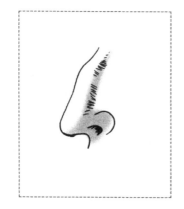

7) 턱 코

코허리의 중간부분이 높아져 있는 것을 말한다. 일반적으로 자존심이 강하고 개성적이며 공격심이 왕성한 성격을 지니고 있다. 특히 집념이 강하고 타협심이 없어 절대로 자기주장을 굽히지 않는다. 중년과 만년에 운수의 변화가 많은데 군인, 스포츠맨, 변론가 등 공격을 필요로 직업이 알맞다.

8) 만일 턱이 하나 더 있는 3단 코

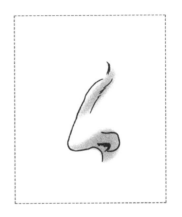

악한 일에 강하고 비틀어진 마음의 소유자다. 턱 코로인데 전체가 낮다면 자기욕심이 강해 의지가 약하고 실천력이 부족하다. 여성인 경우는 성격이 팔팔하고 고집이 세며, 가깝게 하기엔 너무나 먼 당신이고 과부상의 하나다. 턱 코지만 코 전체에서 상부가 융기돼 있으면 공격성과 수행력이 강해 기업가, 정치가, 군인 성격이다. 또 코의 중간쯤이 높아져 있으면 의협심이 있어 주춧돌 같은 역할을 수행해낸다. 코의 하부인 '준두'가 특별히 융기되어 있으면 자기방어본능이 강하고 자기발전에 있어서는 성급함이 있다. 이 코를 가졌지만 앞이마가 발달되지 않았으면 이기적인 성격의 소유자다.

9) 자루코

'준두' 의 소비와 경계가 뚜렷하지 않고 자루처럼 축 늘어져 있는 코를 말한다. 이 코는 강한 금욕을 나타내고 금전에 악착같으며 재산을 쌓는데 일가견이 있다. 단점으로는 돈을 위해서라면 의리, 인정, 공정성을 모두 버리기 때문에 뇌물을 사건 등에 휩쓸릴 수 있다. 직업은 금융계에 종사하는 것이 적격이다.

10) 둥근 코

다른 말로 욕심쟁이 코라고
도 하는데, 매사에 대범하고
작은 일에 얽매이지 않는다.
보기에 어수룩하고 남의 일
에 간섭도 않지만, 자기방어
본능이 강해 절대로 타인이
끼어들어오는 것을 용납하

지 못한다. 그렇다고 악인은 아니며 실용적 사고방식을
갖고 있다. 더구나 태어날 때부터 물질에 구애를 받지 않
는 운수를 가지고 있다.

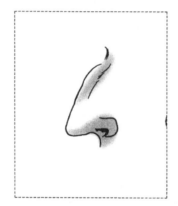

11) 뾰족한 코

자아가 강해 타인에게 지기 싫어하고 절대 고개를 숙이지 않는다. 더구나 탐욕, 의리, 인정 등이 없으며 자비심까지 부족해 마음이 얼음장처럼 차다.

12) 독수리 코(갈구리 코)

자기자랑이 많고 권력적으로 사람을 굴복시키길 좋아하며, 차가운 성격의 소유자다. 하지만 두뇌회전이 빠른 기회주의자로써 빈틈이 없고 요령까지 좋다. 더구나 금전을 유난히 밝히고 인색

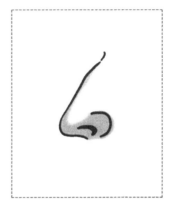

하기 때문에 섣불리 이런 유형의 사람과 친분을 쌓거나 상대하면 항상 손해를 볼 수가 있다.

코를 보면 사람을 알 수가 있다

13) 코허리에 주름이 있는 코

그곳에 나타난 종선과 횡선이 있으면 좋은 관상이 아니다. 즉 종선은 재산을 탕진하고 자식복이 없기 때문에 양자를 얻거나 남의 자식을 키워야하는 운수다. 또 횡선은 고독한 일생을 보내는 불행한 운수다. 특히 웃을 때 나타나는 파안문은 색정에 의한 실패, 재난, 손해를 말한다. 또 ヨ문은 남과의 불화가 있거나 투쟁으로 인해 검난이 있는 관상이다.

14)콧날이 높은 코

정력이 강하고 전진의 의욕
이 불타는 고군분투한다.

준두보다 소비가 처져있는
코는 부하나 아랫사람들의
운이 나쁜 관상이다. 다시
말해 부하들에게 선처나 존
경을 받지 못하고 이와 반대
로 부하들을 보살펴줘도 보답이 없다.

15) 붉은 코

재산파탄의 관상인데 현재 금전에 고생하고 있거나 재산을 탕진할 징조다. 또 이로 인해 관재수가 있어 입옥이나 형벌을 받는다. 붉은 코인데 금전운이 있으면 재난을 당하거나 단명할 운수다. 준두는 현재의 금전운을 보는, 즉 '지갑'이다. 만약 준두에 붉고 작은 점이 있으면 섹스를, 붉은 점만 있으면 무좀 등이 있다.

16) 큰 콧구멍

노골적이고 개방적인 성격
으로 큰 돈을 만지지만 이와
반대로 재산을 탕진하기도
잘하는 운수라 돈이 모이지
않는다. 표준 콧구멍은 콩알
정도의 크기다.

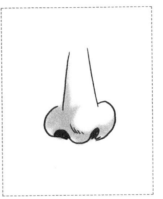

코를 보면 사람을 알 수가 있다

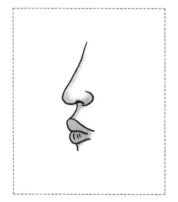

17) 작은 콧구멍

비밀이 많고 겁쟁이에 소심하기 때문에 어려운 일을 맞이하기엔 용기가 부족해 큰 일을 해내지 못한다. 따라서 큰 돈을 벌지도 못할뿐더러 인색해서 돈을 탕진하지도 않는다.

18) 콧구멍의 좌우가 두드러지게 짝짝인 코

경제관념이 잘 발달되어 있지만 저축하지는 못한다.

19) 콧구멍뿐인 것처럼 보이는 코

일명 들창코는 자아와 명랑하지 못하며, 어두운 곳에서 생활을 하기 쉽다. 사고방식 역시 유치해 사회에 진출하더라도 두각을 나타내지 못하며 밑바닥 생활을 하는 관상이다. 이런 유형은 난폭한 일을 하거나 타인이 싫어하는 일을 하면 운수가 좋게 바뀔 수가 있다.

20) 살결이 거친 코

살결이 거칠거나 죽은 깨, 상처, 점 등이 있으면 당연히 재산 운이 없다. 또한 어떤 일이든지 마음먹은 대로 이행되지 않고, 생각하는 일은 항상 엇박자가 있는 좋지 못한 관상이다.

코를 보면 사람을 알 수가 있다

코는 그 사람의 간판이다.

코가 뿌리근처부터 돋아 오르면 두뇌가 명석하고 명예심이 왕성하며, 사회에서 모든 명예직을 차지한다. 코가 극단하게 높거나 이마에서 직접 코가 높은 것을 '희랍코' 라고 하는데, 남성이라면 미인을 아내로 맞을 상이다. 다만 한 번의 결혼으로 만족하지 못하기 때문에 여성으로선 이러한 남성과 결혼할 때 차라리 그가 재혼자일 경우가 원만할 수도 있다.

희랍 코와는 반대로 코 뿌리가 낮게 움푹 페인 남성은 명예심과 자존심이 거의 없는 게으름뱅이다. 옛날부터 관상학에선 '코 뿌리가 낮음은 천인의 상' 이라고 해 일생동안 하류계급에서 벗어나지 못한다. 이것이 여성이라면 강렬한 관능을 억제 못하고 여러 남성을 섭렵한다. 이것은 지성도 윤리감도 없기 때문이다.

코를 보면 사람을 알 수가 있다

코끝이 뾰족한 남성은 손재주도 있고 대성한다.

코는 원래 자존심을 나타낸다. 특히 코끝은 관상학에선 '준두' 라고 부르는데 이곳의 살이 둥글고 봉긋하면 명예심이 강하며 재물운이 있다. 준두가 가늘고 뾰족하게 내밀면 명예심도 강하지만 손재주가 있고 아이디어가 풍

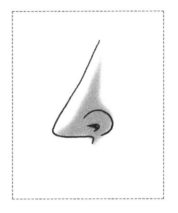

부하다. 천성적으로 발명이나 발견이 풍부하고 기가 막힌 계획을 차례차례로 발표한다. 그러나 운수로는 약하기 때문에 대성하지는 못한다.

코를 보면 사람을 알 수가 있다

금갑이 봉긋한 남성은 중년여성의 사랑을 받는다.

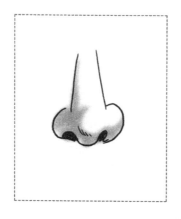

코의 좌우에 있는 봉긋한 부분을 말하는데, 관상학으로 금갑이라고 한다. 금갑이 펑퍼짐하고 넓으면 생활력이 매우 강하고 에너지가 넘친다. 이것을 '부귀의 상'이라고 하여 두뇌가 명석하고 경제관념이 발달되어 있다.

남성일 경우 페니스의 구두가 크다고 한다. 따라서 중년부인이나 성생활에 익숙한 부인들의 총애를 받는다. 또한 돈과 인연이 있어 저축과 이재가 밝다.

코를 보면 사람을 알 수가 있다

금갑이 빨간 여성은 생리중이다.

관상학적으로 코는 허리에 해당된다. 금갑은 유방, 미간은 다리, 법령(입 좌우 코 옆에서 볼에 걸쳐 새겨진 선)은 팔을 나타낸다. 따라서 금갑의 살이 통통한 여성은 유방이 커다. 또한 이곳에 붉은 기가 있으면 여성이 생리중이다. 만약 금갑에 점이 있다면 지갑에 구멍이 뚫린 것과 마찬가지로 불시의 손해가 있고 특히 도박에 손을 대지 말아야 한다.

코를 보면 사람을 알 수가 있다

콧구멍이 적은 남자은 구두쇠다.

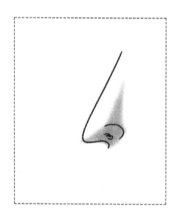

코는 큰 것이 좋지만 너무 커도 좋지 않다. 관상학에서 '코의 모양이 좋으며 큰 것은 길하지만 얼굴에 비해 너무 큰 것은 흉하고 만년 고독해진다.' 라고 한다. 한마디로 얼굴과의 균형이 중요한 것이다.

또한 '얼굴이 크고 코가 적으면 설령 부자로 태어났다고 하더라도 마침내 재산을 탕진하고 집까지 잃는다.' 라고 했으며 코가 적은 것은 중년부터 만년의 운이 좋지 않다.

'콧구멍이 적은 것은 인색하도록 절약하는 자이다.' 즉 코가 적은 사람은 콧구멍도 적으며 절약하는 유형이다. 그런데 재산을 탕진한다는 것은 여자가 있기 때문이다.

코는 이밖에 긴 코와 짧은 코가 있는데, 긴 코는 길상이고 짧은 코는 흉상이다. 코가 길고 살집이 좋으면 동정심

이 두텁고 성격이 온순하며 장수한다. 코가 짧은 사람은
자기 집이라도 상속받지 못한다. 만일 상속받더라도 부
모의 재산을 잃든가 분가의 운이다.

코를 보면 사람을 알 수가 있다

인중은 길수록 좋다.

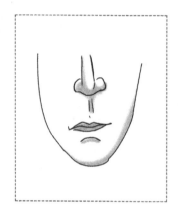

인중은 코 아래서 윗입술로 뻗어있는 홈을 말한다. 인중이 넓고 긴 것은 '장수의 상'이라고 하며, 장수는 물론 재산복도 있다. 이와 반대로 식록이 좁으면 생활도 궁색하다. 그리고 금갑부근에서 식록에 걸쳐 팥만 한점이나 혹이 있다면, 이 사람은 일생동안 먹을 것이 따라다닌다. 인중이 굵고 깊은 사람은 생식력이 강하다.

이와 반대로 인중이 얕은 흐릿한 남성, 즉 인중이 너무 넓어 홈이 되지 않고 납작한 남성은 끈기가 없으며 생식력도 약하다.

코를 보면 사람을 알 수가 있다

인중 밑이 넓으면 아들을 낳는다.

인중 밑이 뾰족하면 사내 아이를 많이 낳고 둥글게 되어 있으면 딸을 많이 낳는다. 인중이 밑으로 갈수록 넓어지면 아들, 인중의 위아래가 직선이면 남녀 반반이다.

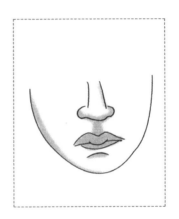

통계적으로 보면 전쟁 중, 전후의 혼란된 비상시대에 남아 출생률이 높고 평화시기엔 여아 출생률이 높다. 가정에서도 생활의 걱정이 없는 유복한 집엔 딸이 태어나기 쉽고, 걱정이 많은 집에는 아들이 태어나기 쉽다.

인중의 위가 넓고 밑이 좁으면 나이가 들수록 생활이 곤궁해지고, 인중이 뛰어나게 가늘면 생활고를 시달린다. 또한 마음이 약하고 겁쟁이다.

입을 보면 사람을 알 수 있다

입은 생존권의 표상이다.

 입은 얼굴에서 가장 본능적기관이며 정신적기관이기도 하다. 입은 본능적으로 식욕과 성욕을 상징하고 있다. 또 식욕의 기관으로서 미각과 촉각이란 두 감각을 동시에 가지고 있는데, 이것으로 인해 생명이 유지된다고 해도 과언이 아니다.

 하등동물이라도 입이 없으면 살지 못한다. 따라서 입은 생활력의 강약을 상징할 수밖에 없다. 간단한 예를 들면 첫째 큰 입은 식물의 섭취의욕이나 양 등을 나타낸다. 둘째 그 사람의 이지적인 측면 이상으로 정적인면과 의지의 면 등을 강하게 표시한다. 즉 애정의 강약, 후박, 의지의 강약, 적극성, 소극성 등을 의미한다.

 윗입술은 적극성과 부성을, 아랫입술은 수동적 태도(소극성)와 모성을 나타낸다. 윗입술이 두터우면 적극적이고 아버지의 정이 있으며, 아랫입술이 두터우면 모친적인 수동의 애정이 있다. 상하 입술의 두께가 같은 것은 정의가 순하고 평균돼 있음을 말해준다.

이처럼 입과 입술의 모양은 단지 아름답거나 추한 모습 외에 더 큰 의미가 있는 것이다. 또 애정과 의지는 남녀간의 애정문제에 있어서 떼어버릴 수 없는 중요한 요소이기 때문에, 입술이 나타내는 애정의 강약은 그대로 이성간의 애정의 강약으로 나타나고 있는 것이다.

예를 들어 커다란 입은 적극적 의지의 강함을, 작은 입은 그 반대를 나타내지만, 이것은 입을 의지와 의욕의 상징으로 봐도 좋다는 의미다. 하지만 입이 빈약한데 마음이 풍부하다는 것은 있을 수가 없고, 또 입이 천한데 기품이 있을 리가 만무하다. 결론적으로 입은 그 사람의 품성을 나타내는 것이기 때문이다.

입을 보면 사람을 알 수 있다

입 모양에 의한 관상

1) 입의 크기와 마음은 비례한다.

야심에 불타고 욕망이 강함을 말해준다. 또 그 크기에 비례해서 마음의 크기를 알 수 있는데, 동물적인 본능이 강하다. 남성이 큰 입을 가졌다는 것은 좋은 관상으로 입신 출세하는 운수다. 그러나 여성인 경우 남성적 성향이 강하고 종속되기를 싫어해서 불화나 말다툼이 빈번하며 과부가 될 관상이다

2) 입 큰 여성은 남편을 책임진다.

입이 크고 작다는 것에 대해 관상학에선 여러 가지 설들이 있다. 보편적으로는 앞에서 볼 때 좌우의 눈동자 폭 사이에 입이 위치한 것이다. 즉 두 개의 검은 눈동자 중간에서 밑으로 선을 내려 그을 때 이 간격보다 입의 양 끝이 넘치면 큰 입이고, 그렇지 않다면 작은 입이다. 뭇사람들이 말하는 큰 입이라는 것은 얼굴전체와 비교한 것이다.

어쨌든 입은 생활에 대한 의욕을 나타내는 곳이다. 입은 근육이 탄력 있고 살도 알맞게 붙어 있으며, 활짝 웃을 때 입이 크게 열리는 웃는 얼굴은 만사에 의욕적이고 장래성이 있으며 금전운에 매우 좋다. 이와 반대로 입이 적은 사람은 소심하다. 만약 남성이 작은 입일 땐 스케일이 적어 큰 사업을 이루지 못한다. 하지만 옛날부터 입이 작은 여성은 인기가 있었는데, 이것은 마음이 안정되고 온순하여 항상 남편을 공경하면서 부지런히 일하기 때문이다.

입을 보면 사람을 알 수 있다

또 얼굴을 측면으로 볼 때 작은 입이 들어간 여성의 성격은 소극적이고 내성적인데, 사람과 싸우기를 싫어하는 평화주의자다. 그래서 사대부 집안에서 최고의 며느리감으로 꼽았던 것이다.

그렇지만 입이 큰 여성은 성격이 양성적이라 집안보다 집밖에서의 생활이 왕성하기 때문에 남편이 백수라도 먹여 살린다. 하지만 이런 여성의 남편은 사회적으로 표면에 나서지 않는 내성적이어야만 원만한 부부생활을 할 수가 있다.

3) 입이 큰 여성은 쾌락을 즐긴다.

입이 큰 여성은 대체로 명랑하고 사교적이며 호인이다. 이것은 소뇌와 관계있기 때문인데 관상학에선 입술과 소뇌의 크기가 같다고 본다. 즉 뒤통수가 튀어나온, 즉 소뇌가 크게 발달되면 일반적으로 타인에 대한 동정심이 강해 자기를 희생시키면서까지 도와준다. 이와 반대로 뒤통수가 발달하지 못해 밋밋한 절벽이면 이기적이고 고집불통이다. 따라서 이런 사람은 거의가 입술이 적고 엷다.

또 매사에 구시렁거리지 않고 체념이 빠르며 이성에도 적극적이다. 그래서 누군가를 사랑하면 절대로 비밀을 가슴속에 간직하지 못하는 오픈마인드다. 더구나 침실에서도 쾌감이 절정에 이르면 자신도 모르게 소리를 지른다. 즉 성감은 어디까지나 입술의 살집과 탄력성에 있는데 입이 크고 탄력적이면 성감이 강해 신음소리를 내기 때문에 남성을 심리적으로 만족시켜 준다. 하지만 입이

입을 보면 사람을 알 수 있다

크고 입술의 살집에 탄력성이 없는 엷은 입술은 애정적으로 차갑다.

4) 입매에 탄력이 없고 두터운 입.

색욕에 빠지기 쉽고 정조관념이 없다. 또한 크고 엷은 입술은 큰일을 하더라도 정이 부족, 원활한 인간관계를 맺지 못해 트러블을 일으킨다. 어쨌든 큰 입은 그 사람의 동물적인 의욕, 행동력, 본능의 강한 점 등을 나타내는 것으로 좋은 운수라면 큰일에 성공하지만, 이와 반대라면 실패 또한 크다.

5) 입이 작으면 매사 소극적이다.

본능의 약함, 즉 삶에 대한 의욕이 약하다. 어떤 일을 하든지 매사 소극적이고 소심하기 때문에 대담한 행동을 하지 못한다. 즉 좋게 풀이하면 조심스럽다고 표현할 수 있지만, 보편적으로는 매사 자신이 없어 사서 고생하는 인물이다. 따라서 개인적인 사업보다 타인에게 고용되는 직업을 선택해야 한다. 직종도 충실하게 기계적으로 움직이는 경리나 일반사무직이 어울린다.

6) 작은 입 엷은 입 윗입술이 두터운 입

작고 입술에 두터운 입은 헌신적이다.

헌신적으로 협력함을 나타내는데, 애정은 있지만 표현은
미숙한 것이 단점이다. 입술이 엷은 경우는 이기적이고
냉담하며 자기 자신만을 생각한다.

입을 보면 사람을 알 수 있다

7) 두터운 입술은 정적이다.

 지적인 쪽보다 정적인 쪽에 더 가까워 타인에게 친절하다. 하지만 너무 두터울 경우엔 정에 빠지고 애욕에 이끌려 이성과 사이에서 문제가 발생한다. 여성인 경우 정조를 지키기 어렵고 음란에 빠져 일생을 그르친다. 직업은 애정을 필요로 하는 곳에 종사하며 좋다. 예를 들면 간호부, 선교사, 보모, 사회사업가 등이다.

입을 보면 사람을 알 수 있다

8) 입술이 두텁고 작은 입의 여성은 유혹에 잘 빠진다.

입술이 두텁고 작은 입의 여성은 유혹에 잘 넘어간다. 달콤하고 능수능란한 말에 쉽게 넘어간다는 말이다. 더구나 강압적으로 베드에 쓰러트리면 저항하지 않고 쉽게 체념하고 만다. 이것은 작은 입이 소심자라서 그렇다. 대체적으로 이런 여성은 해각(입의 양끝이 탄력이 있는 것), 즉 얼굴측면을 보면 아랫입술이 뿌듯하게 부풀어 오른 것처럼 보인다. 이런 유형의 여성들은 매우 관능적이라 섹스의 열정도 높기 때문에 애인으로 가진 남성은 복을 받은 사람이다. 특히 아랫입술이 깨끗한 곡선이 아니라 비대하면서 천하게 보이며 내밀은 유형은 창부들에게 많다.

입을 보면 사람을 알 수 있다

9) 입술이 두터운 여성일수록 성감이 좋다.

여성의 성감은 입의 크고 작음보다 오히려 입술의 두께와 탄력의 유무에 따라 좌우된다. 하지만 너무 두꺼우면 좋지 않다. 즉 남양토인이나 흑인처럼 입술이 두터운 여성은 음순이 엷다. 이와 반대로 덴마크나 노르웨이 여성은 입술이 엷고 음순이 비대하다. 성감으로 볼 때 음순이 엷어야만 쾌감이 있다. 이것은 남성이나 여성이나 할 것 없이 공통된 점이다. 여하튼 입술의 두께가 여성의 음순 두께와 반비례한다. 이밖에 입술의 두께는 요리의 맛과도 관계가 있는데, 이것은 입술이 미각신경과 밀접한 연간이 있기 때문이다. 한마디로 입술이 두꺼우면 남녀를 막론하고 미각이 발달되어 있다. 예를 들어 유명한 요리사들을 보면 반드시 아랫입술이 두껍다. 즉 입술이 엷은 여성은 요리가 서투른 것이다.

만약 당신이 예술가의 기질을 가진 독신남이라면 입술이

입을 보면 사람을 알 수 있다

두꺼운 여성과 결혼하라. 그 이유는 예술가의 기질을 가진 사람 대부분이 음식에 무척 까다롭기 때문이다.

반대로 엷은 입술은 애정이 부족하다.
애정이 부족해 타산적이고 냉담한 경향이 있으며 이기주의자다. 여성인 경우는 수다스럽고 경솔하며 물질적으로 몹시 곤궁하다.

입을 보면 사람을 알 수 있다

10) 윗입술은 정조관념을 상징한다.

입이 크거나 작음과는 관계없이 윗입술의 선이 직선적이면서 정결하면 가풍 있는 집에서 자란 사람이다. 성격 또한 자제력이 있고 불결하거나 부도덕함을 싫어한다. 더구나 양심적이고 진지한 인품이기 때문에 여성이라도 정조관념이 강하고 유혹에 넘어가지 않는다.

설령 입술이 두껍고 애욕적으로 보일지라도 윗입술의 선이 탄력적이고 또렷한 입모습의 여성은 기혼이나 미혼에 관계없이 몸을 보인다는 것에 엄격하기 때문에 경솔하게 유혹에 넘어가지 않는다.

또한 측면얼굴에서 덧니 때문이 아니라 자연스럽게 윗입술이 아랫입술을 위에서 누르는 듯이 입을 다무는 사람은 조숙하다. 여성이라면 초경이 남보다 빠르고 열너덧 살에 완전히 성숙된 육체가 된다. 더구나 첫경험도 남보다 이삼년이 빠르다. 보편적으로 이러한 입은 향락적이고

입을 보면 사람을 알 수 있다

게으른 성격이다.

노인들에게 많이 나타나는 것으로 윗입술이 아랫입술의 안쪽에 감겨 들어가 해각이 아랫방향으로 오므라진 입은 신경질적이고 타인에게 트집을 잘 잡는 다. 또 입의 앞쪽에서 윗입술이 부풀어 올라있는 여성은 사람의 유혹에 잘 넘어가기 쉽고 천성적으로 자만심이 강하다.

입을 보면 사람을 알 수 있다

11) 윗입술이 두터운 입은 고집이 세다.

타인에게 주는 애정이 강하지만 고집이 세다. 여성인 경우 성미가 드세고 남성을 능가하는 힘이 있어 남편을 무시한다.

12) 윗입술이 두텁고 돌출된 입은 행동적이다.

성에 대한 관심이 강해 좋아하는 상대에게 환심을 사며, 상대를 획득하기 위해선 무슨 짓이든 가리지 않고 한다.

13) 윗입술이 아랫입술을 덮은 입은 내성적이다.

보편적으로 온순해 보이지만 마음이 약해 무슨 일이건 소극적이며 내성격의 소유자다. 또한 성품이 너무 좋아서 남에게 이용을 잘 당한다. 꼼꼼한 일이나 계획을 세워서 진행하는 적은 규모의 일을 해야만 성공할 수 있다.

14) 윗입술이 아주 엷은 입은 정이 없다.

애정관계에 있어서 자기입장에서만 행동하고 상대방에게 정을 주지 않는 이기주의자다. 이런 까닭으로 부부사이가 한때는 좋지만 지속되기는 어렵다.

15) 아랫입술이 윗입술보다 앞으로 돌출된 입은 이기주의자다.

이기주의자로 겉과 속이 다르며, 자신의 이익을 위해선 아무리 가까운 사람도 배신한다. 또한 애정이 부족하고 적극적이지 않으며 상대의 애정만을 요구한다. 특히 스스로 운명을 개척하려는 기백이 없다. 여성인 경우 배우자를 잘 못 만나고 고독하게 되기 쉬우며 과부상이다.

입을 보면 사람을 알 수 있다

16) 내밀은 입술은 언행이 천하다.

 온화한 곳이 없고 성질이 거칠며 언행 또한 천하고 상스럽다. 입이 가벼워 생각한 것을 노골적으로 표현하기 때문에 독설이 되어 불화나 싸움을 하게 된다. 대체적으로 친화성이 없어 공격적이고 야성적이기 때문에 사람들을 압도한다. 생활력이 강하고 이성에게도 적극적으로 행동한다.

17) 들어간 입은 평화를 사랑한다.

 내성적이고 마음이 작지만 평화를 사랑하기 때문에 다툼을 좋아하지 않는다. 또 순간의 찬스를 놓치기 때문에 큰일을 완성시키지 못한다. 여성의 경우 꼼꼼하고 내성적이며, 생각을 밖으로 표출하지 않고 가슴앓이만 한다. 기술방면이나 평범한 월급쟁이가 적당한 직업이다.

18) 아랫입술이 윗입술보다 들어간 입은 피동적이다.

마음이 약해 자기주장을 펼 줄을 모른다. 독자적인 신념
이나 사상이 없고 남의 의견에 따르기 때문에 항상 피동
적인 태도만 취한다. 여성인 경우 남성이나 손위 의견에
무조건 맹종하기 때문에 실패가 있다. 직업은 월급쟁이
가 알맞다.

19) 비뚤어진 입술은 허영심이 강하다.

대부분 윗입술이 아닌 아랫입술이 좌우 어느 쪽으론가
치우쳐져 있다. 허영심이 매우 강해서 남에게 지기 싫어
하기 때문에 허세를 잘 부린다. 고집이 세고 자기주장을
강경하게 펴기 때문에 타협이나 협조와는 거리가 멀다.
알맞은 직업은 남에게 고용되거나 물장수 등은 맞지 않기
때문에 기술방면, 기예방면, 원예, 농업 등에 종사하면 좋
다.

20) 항상 열려있는 입은 끈기가 없다.

코가 나쁘든가 지능이 발달되지 못함을 뜻한다. 무슨 일
이건 끈기가 없기 때문에 한 가지 일을 관철시킬 힘이 부
족해 성공할 수 없는 운수다.

21) 입술에 깊은 세로주름이 있는 입은 정이 많다.

이것을 '환대문' 이라고 부른다. 이 주름이 있으면 친구나
친지나 이성에 대해서 정이 두텁고, 나아가 타인과 협조
하는 마음이 많기 때문에 인간관계가 원만하다. 하지만
때때로 이것이 화근이 되어 이성과 트러블을 일으킬 수도
있다. 이밖에 금전적으로 대범하고 선심성이 강하다.

22) 세로 주름이 없고 젖어있는 입술은 친구가 없다.

이기적인 사람에게 많으며 친구나 친지와 환담하거나 즐
기지를 않는다. 즉 인간관계가 결렬되어 타인에게 협조
를 얻지 못해 성공하기가 힘들다.

23) 가로 주름이 있는 입술은 집안과 인연이 없다.

육친이나 집안과의 인연이 없는 고독한 운수를 갖고 있다. 특히 위궤양이나 위암에 걸리기 쉽다.

24) 입술에 점이 있으면 식복이 있다.

여성의 윗입술이건 아랫입술이건 입술에 점이 있다면 음부에 점이 있는 것이다. 이러면 냉증이 많고 냉감증의 경향이 있다. 그렇지만 남녀를 막론하고 식복이 풍부하다.

아랫입술에 점이 있는 부인은 남 난의 상이고 남성일 경우엔 여난의 상이 다. 만일 윗입술에 점이 있다면 남녀 모두 수난을 받는다.

점의 유무와는 별도로 입술에 상처가 있으면 남녀 모두 금전운이 나쁘다. 윗입술이나 아랫입술을 막론하고 한가운데 있으면 좋지 않다. 여성의 입술에 세로주름이 있으면 다산을 한다.

남녀를 불문하고 입술이 검으면 음부가 검고 음란하다.

입을 보면 사람을 알 수 있다

여성은 젖꼭지와 젖 둘레부분도 까맣다. 입술색이 극히 자연스럽게 빨간 것은 남녀 모두가 좋다. 하지만 중년 남성일 경우는 천식 같은 질병이 있다. 또한 여성의 입술이 핏기가 없는 것처럼 새하얗다면 냉감증이 있다. 따라서 유산되기 쉬운 체질이다.

25) 잇몸을 보이고 웃는 여성은 한 남성으로 만족하지 못한다.

흔히 위 잇몸을 노출하고 웃는 여성은 남성의 유혹에 약하다. 남성이 적극적으로 요구하면 거부하지 못하는 유형으로 성적인 절도가 부족하다. 그렇지만 마음이 굳세고 구질구질하지 않는 시원하고 낙천적인 성격이지만 고집이 세고 냉정함도 존재한다. 따라서 섣불리 유혹하여 자존심을 상하게 한다면 육체는 허락해도 마음은 남성을 경멸한다.

입술을 보면 사람을 알 수 있다

입술 색깔에 의한 관상

1) 홍윤색

윤기가 있고 불그스름한 입술을 말하는데 이것은 혈액이 맑아 건강하다는 표시다. 애정이 농후한데, 여성의 경우 성기의 건전한 발달을 표시하고 있기 때문에 자식복이 있는 길상이다. 그러나 너무 붉다면 색난이나 호흡기질환에 걸리기 쉽다.

2) 암흑색

소화기계통의 약함을 표시하고 있으며, 또한 가슴 속에 흉계나 간계를 품고 있다 것을 나타낸다. 따라서 운수가 나쁘고 가정적으로도 불행하다.

3) 푸르스름한 색

정감이 결핍된 냉담한 성격의 소유자다. 신경질적으로 화를 잘 내고 인간성이 한쪽으로 치우쳐져 있기 때문에 원만한 인간관계가 부족하다. 특히 생활이 궁하거나 급병 등으로 자리에 드러누울 수가 있다.

입술을 보면 사람을 알 수 있다

4) 검붉은 색

만성질환이나 긴병에 시달릴 수 있다는 것을 나타내고 있다. 또한 금전에 쪼들리고 자식들도 복이 없는 불운의 관상이다.

5) 창백한 입술

혈액의 순환기계통에 이상이 생겼거나 급병에 걸리기 쉽다.

치아를 보면 사람을 알 수가 있다

치아에 의한 길흉 관상

긴 치아는 입술사이로 문치가 보일만큼 긴 이빨을 말한다. 색정이 깊기 때문에 트러블이나 재난에 주의해야 한다. 또 민첩한 사람이 많다.

1) 뻐드렁니

바깥쪽에 튀어나와 있는 이빨을 말한다. 개방적이고 달변가이며 경솔하다. 따라서 비밀을 지키지 못하기 때문에 타인으로부터 신뢰를 받지 못한다. 입에 의한 재난이 생기기 쉬운 운수다.

2) 내치

안쪽으로 치우쳐져 있는 이빨을 말한다. 비밀이 많아 남과 털어놓고 교제하질 못한다. 따라서 항상 고독하거나 소극적이며 내숭스러워 교제범위가 좁아지기 때문에 출세하지 못하고 운수까지 정체되어 있다.

3) 틈바구니가 있는 치아

이빨 사이에 틈이 많이 있는 이빨을 말한다. 집안이나 형제나 친척과의 인연이 짧고 유년기의 병약함을 나타낸다. 또 매사 어떤 일이건 끝가지 완성해내는 끈기가 부족해 성공하지 못한다. 더구나 금전운수가 좋지 않아 수입이 있더라도 지출이 많기 때문에 돈이 남아있지 않다.

4) 뒤틀린 이빨

태어나기 전이나 태아일 때 부모가 불화였든가 건강하지 못했든가 특별한 걱정거리가 있었기 때문이다. 시원스럽지 못하고 이빨처럼 성격 어딘가가 비뚤어져 있으며 운수도 좋지 않다.

5) 치열이 고르지 못한 아랫니와 송곳니

치열이 나쁜 아랫니는 본인이 양자로 가든가 양자를 맞이하는 운수다. 송곳니가 두드러진 것은 평생 고생할 운수인데, 여성일 경우엔 초혼이 깨지는 운수다.

치아를 보면 사람을 알 수가 있다

6) 이빨이 크고 작음

이빨이 너무 크면 욕망이 강하고 이기적이다. 또 지나치게 작은 이빨은 정신적인 여유가 없고 작은 일에만 얽매이며, 이론만 있을 뿐 행동이 없으며 사람까지 속인다. 여성이 작은 이빨로 고르다면 길상으로 본다.

7) 틀니는 삼가라.

치아는 그 사람의 육체적 건강을 유지하는데 있어 매우 중요하다. 하지만 빨리 부식하는 치아는 생활의욕의 감퇴를 나타내는데, 소위 이가 나쁜 사람 은 성욕이 왕성하지 못하다. 그렇지만 앞니가 건재하면 성행위에 특별한 감퇴가 없다. 이와 반대로 틀니를 하기위해 어금니를 뽑은 사람은 연령에 관계없이 섹스기능의 감퇴를 가져온다. 즉 앞니를 뽑고 신경을 제거시키면 뇌하수체의 기능에 영향이 미치고, 뇌하수체는 생식선과 연결되기 때문에 성적으로 약해지는 것이다.

8) 이가 못생긴 여성은 남편을 간다.

치아와 성격이 매우 관련이 있다. 옛날부터 잇몸이 잘 생긴 사람은 '언어에 진실이 있다.'고 했다. 이와 이 사이가 틈이 있거나 치열이 불규칙하면 풍성이 조야하고 '거짓말을 하는 자다.'라고 일컬어져 왔다. 이러한 치아의 남성은 부인의 인연이 바뀌기 쉽다. 성격은 성급하고 고집이 세다. 또 '잇몸이 못생긴 며느리는 가문을 기울게 하니 경계하라'고 했다. 고집이 세고 성급한 성격 탓으로 남편이나 시부모와의 충돌이 잦았다고 하겠다. 즉 몇 번이고 남편과 이별하는 여성의 잇몸을 보면 못생긴 여성이 많다.

귀를 보면 사람을 알 수가 있다

귀는 유전을 나타내고 능력의 상징이다

귀는 사람의 유전과 숙명을 표시하는 것인데, 상처를 받지 않는 한 평생불변이다. 귀는 뇌수의 모양과 비례되고 두 귀를 합친 모양은 뇌수의 모양과 같다고 할 만큼 뇌수와 깊은 연관이 있다.

귀는 조상, 부모, 혈통, 유전을 나타냄과 동시에 소질, 현우, 복 등을 말해준다. 귀는 유년부터 열대여섯 살 정도까지의 환경이나 처지를 나타내고, 좌우의 모양이 유난스럽게 다르면 부모와의 생사별이 있다. 이와 반대로 두 귀의 모양이 균형이 잡혀있고 아름다운 것은 좋은 환경 속에서 자랐다는 것을 나타낸다.

귀를 보면 사람을 알 수가 있다

귀의 운수 보는 법

귀는 얼굴정면에서 볼 때 눈썹부터 코밑까지 있고, 측면에서 볼 때 두부전체의 측면 3분의 1의 곳에 위치하는 게 표준이다. 만약 귀의 아래쪽이 코보다 낮게 위치할 경우 응석꾸러기에 고집이 세고 완고하며 성격이 별스

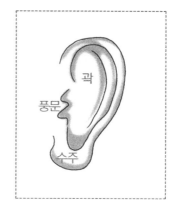

럽다. 이것보다 약간 낮은 곳에 위치하면 하정에 통달하고 손아래나 부하들을 잘 리드한다.

코보다 높이 위치하면 소극적이고 의지가 약하며, 약간 높게 위치하면 윗사람의 은혜를 받으며 금전운까지 있다.

측면에서 볼 때 앞쪽으로 가까이 위치하면 애정이 많고, 뒤쪽으로 처진 위치면 정적인 쪽보다 지적인 쪽으로 뛰어나다.

귀를 보면 사람을 알 수가 있다

귀 모양에 따라 관상이 달라진다

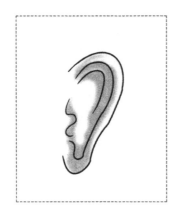

귀는 세 가지 유형이 있는데, 귀의 형질로 나누면 영양질, 근곤질, 심성질이 있다.

1) 영양질

귀의 살이 두터우면서 풍만하고 둥글며 수주가 넉넉하게 발달되어 있다. 이륜(귀 바퀴)이 크고 영양이 골고루 퍼져있어 건강하게 보이면 복스러운 귀다. 이런 사람은 애정이 많기 때문에 마음까지 잔잔하며 교제도 원만하지만 단점으로는 결단력이 부족하다. 따라서 독단적인 행동보다 조직의 힘으로 움직이는 사람이다.

2) 근골질

중륜과 내곽이 발달되어 외륜에서 내밀고 있는 모양이다. 자아심이 강하고 자신만만하며 야심에 불타고 활동적 행동을 한다. 그렇지만 정신적인 면이 결핍되어 자칫 남과 충돌할 수도 있다. 직업으로는 자영업이나 기업가 등이 알맞다.

귀를 보면 사람을 알 수가 있다

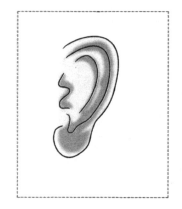

3) 심성질

 천륜이 발달되고 하륜은 그 것에 비해 작은데, 얼굴로 말하자면 머리가 크고 턱이 적은 모양이다. 신경과민과 섬세한 감각을 지녔고 이지적이면서 우아스럽고 고상한 데가 있다. 또 정신적으로 뛰어나 이상적인 기질이지만 단점으로는 실천력이 부족하다. 직업은 지적활동이 요구되는 자유업, 예술가, 학자 등이 좋다.

4) 큰 귀

귀는 생각이 깊고 경계심이 강하며 경솔한 행동을 하지 않는다. 상식이 발달되어 있기 때문에 정진 적이다. 살이 두터운 것은 원만한 성격을 말해주고 금전운이 있고 신체가 건강하다. 살이 엷은 것은 내장이 약하고 물질적으로 불운하다. 또한 힘없는 귀도 마찬가지로 좋은 관상이 아니다.

귀를 보면 사람을 알 수가 있다

5) 작은 귀

감정적이기 때문에 침착성이 없고 성급하여 충동적인 면이 있다. 더구나 의지가 약해 마음이 잘 변하고, 꿋꿋한 것 같지만 자신감과 담력이 적어서 비밀을 지키지 못한다. 더 작은 귀는 기행버릇이 있고 지능발달도 뒤떨어져 있다.

이처럼 귀의 크고 작음으로 인해 많은 차이가 있다. 하지만 귀의 크고 작음보다 얼마나 두터운지 얼마나 엷은지가 중요하다. 크더라도 엷은 것은 운이 약하고 작은 것이라도 살이 두텁고 암팡진 것은 금전운이 좋다. 작고 살이 엷은 건 빈상으로 가장 좋지 못하다. 예를 들어 모양이 좋게 갖춰져 있지만 살이 엷은 것은 돈복이 없는 것이다. 더구나 끈기가 없고 소극적이며 행동적인 것보다 정신적으로 뛰어나다. 또 배우자와의 인연이 없어 평생 동안 고독할 운수다.

귀를 보면 사람을 알 수가 있다

귀의 관상 보는 법

1) 길상인 귀는 잘 생겼다.

귀 전체 모양이 둥근 것을 말한다.

활동가이고 성격도 원만하여 당대에 명성을 얻든가 아니면 재산을 남기는 노력 형이다.

이와 반대로 귀 전체가 딱딱하고 살이 두터운 것은 건강하다는 증거로 생활력이 왕성하다.

정면에서 볼 때 귀 전체가 보이지 않으면 길상이고, 육체적으로도 건강하고 의지가 강해 노력을 아끼지 않는 행동파로 무리를 거느릴 그릇이다.

직업은 자력으로 운수를 개척하는 것이 좋고 정치가나 실업가가 알맞다.

여성인 경우도 마찬가지인데 늠름한 생활력을 갖고 있다. 귀 위쪽이 뒤편으로 자빠지고 아래쪽이 앞으로 나와 있는 귀, 즉 비스듬히 붙어있는 귀는 이지적으로 뛰어나 있음을 나타낸다. 또 귓구멍의 털이 긴 건 장수의 상인데

귀를 보면 사람을 알 수가 있다

마흔 살 이후에 나오면 최고의 길상으로 본다. 귓구멍은 외부에 잘 나타나 있지 않는 것이 좋고 너무 크거나 너무 작지도 않고 알맞게 짜임새가 있는 것이 길상이다.

2) 흉상인 귀는 볼품이 없다.

정면에서 볼 때 귀 전체가 보이는 것으로 남의 힘에 의지하고 자기 힘으로는 운명을 개척하지 못한다. 즉 행동성이 결핍되고 사고 적이다. 이지가 풍부하여 지적방면에선 나쁘지 않지만, 실천력이 부족하기 때문에 큰 성공을 하지 못한다. 귀의 뒤 뼈가 내밀은 것은 좋고 움푹한 것은 자살자에 많은 나타난다. 특히 큰 구멍은 야심가로 대담한 데가 있어 비밀스런 일에는 부적당하다. 작은 구멍은 소심하고 용기가 부족하고 물질적으로 불운하다. 귀의 색깔이나 살결의 윤기는 귀의 모양과 더불어 관상의 중요한 요소가 된다.

3) 홍윤색의 귀는 인간관계가 원만하다.

아름다운 분홍빛을 띠고 촉촉하게 윤기가 있다면 최고의 길상이다. 신용이 두터워 상거래나 사업 등에서의 인간 관계가 원만하고 건강하다.

4) 자줏빛, 흰빛, 푸른빛의 귀는 운수가 정체되어 있다.

자줏빛 귀는 운수의 정체를 나타내고 신용이 없어 사업 등에서 부진함을 나타낸다. 흰빛의 귀는 신용을 잃고 병약 체질임을 나타낸다. 푸른빛의 귀는 사건에 직면하는 일이 있고 3년 이내에 생명의 위험을 겪을 정도로 불길한 상이다.

5) 붉은빛, 적암색, 갈색, 흑색 귀는 신용상 다툼이 있다.

붉은 빛의 귀는 신용상의 문제로 다툼이 있다. 그렇지만 혈액순환은 왕성하다. 적암색의 귀는 신장염의 징후다. 갈색의 귀는 자손 복이 없고 본인의 신체도 허약하다. 흑색의 귀는 적암색과 마찬가지로 신장질환에 시달린다.

귀를 보면 사람을 알 수가 있다

6) 귀뿌리가 적은 여성은 내연의 처가 되기 쉽다.

예로부터 귀가 큰 것을 동양에서는 복이라고 하여 장수나 부귀의 상징으로 여겨왔다. 하지만 서양에선 경계심이 강하고 동물적이거나 정력적이며, 실행력이 풍부하지만 사색 형은 아니라고 했다. 즉 지성파의 귀는 그렇게 크지 않다는 것이다. 그렇지만 동양의 관상술에선 '귀가 오뚝 솟은 것은 지혜가 있으며 낮게 내리뜨려진 것은 지혜가 적다.' '귀의 모양이 적은 것은 겁이 많으며 눈물을 잘 흘린다. 하지만 귀가 크면 마음도 크다. 수주(귀뿌리)가 적은 사람은 성급하지만 재치가 있다. 수주가 크고 두터우면 마음이 풍부하고 성실한 사람이다.' 라고 기록되어 있다. 따라서 동양과 서양의 어느 쪽 주장에 손들기보다는 다른 제 기관과의 종합으로 판단해야만 한다.

귀의 관상술에서 한 가지 흥미로운 사실은 귀가 여성의 심벌을 상징한다는 점이다. 즉 귀의 홈 부분이 여성의 성기를 표현하고 있는데, 귀의 위치에 따라 여성 성기의 위

귀를 보면 사람을 알 수가 있다

치까지 알 수가 있다. 예를 들어 귀가 눈의 선보다 밑에 달려 있을수록 귀인의 상이라고 하여 옛날부터 귀하게 여겨왔다. 하지만 여성이 그렇다면 성기가 위쪽에 위치하고 있으며, 이와 반대면 밑쪽에 위치하고 있다. 특히 성기의 대소까지 전문가가 알 수 있기 때문에 귀는 중요한 관상법의 하나인 것이다.

여성의 행불행은 무엇보다 상대인 남성 수주의 크기에 의해서 결정된다. 즉 남성의 수주가 크게 내밀고 있는 귀를 복상이라고 하여, 성격이 명랑하고 감성도 양호하며 여성을 사랑한다. 결론적으로 남자의 복을 받는 것이다. 만약 이런 귀가 여성이 가졌다면 내연의 처로 알맞다. 즉 유부남의 애인으로 적당하며 남성의 도움은 받지만 뒤처리가 깨끗하다. 애인으로 적당하다는 것은 섹스에 있어서 정열적인 여성이란 뜻도 되며, 만약 이런 여성을 아내로 가진 남성은 잠자리의 작업이 너무 지나쳐 비교적 일찍 죽을 가능성도 있다.

귀를 보면 사람을 알 수가 있다

이와 반대로 수주가 작은 남성의 귀는 물장수에 종사하
는 여성이 많고 대부분 남자의 복을 받지 못하며 한번은
결혼에 실패한다. 이런 귀를 여성이 가졌다면 '과부 귀'
라고 한다.

귀를 보면 사람을 알 수가 있다

복상과 빈상 귀의 모양

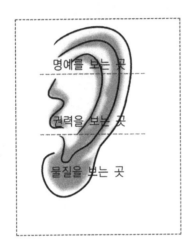

명예를 보는 곳

권력을 보는 곳

물질을 보는 곳

귀의 생김새 역시 재운과 관계가 있다. 귀는 얼굴의 표징이며 안면의 형태는 대체로 귀의 생김새와 닮았다. 귀를 셋으로 분류하는데, 귀의 윗부분은 얼굴의 이마에 해당하여 명예심을, 가운데부분은 얼굴의 코 줄기나 광대뼈에 해당하여 권력이나 지위를, 아랫부분은 물질에 대한 욕망을 나타낸다. 따라서 물질운수를 보려면 귓바퀴의 아래쪽인 귓불부분을 중요시해야 한다. 또한 윗부분인 상부를 지혜, 가운데부분인 중부를 의지, 아랫부분인 하부를 정이라고 한다.

귀를 보면 사람을 알 수가 있다

복상귀의 생김새

따라서 평균적으로 좋다는 금이, 수이, 토이, 기장이, 어깨까지 늘어진 듯 보이는 수견이, 첩뇌이 등의 소유자는 물질의 운용에 능란하고 사교적인 교섭도 원만하기 때문에 복의 운도 풍성하다.

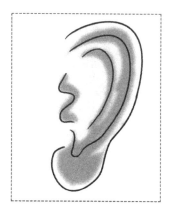

귀를 보면 사람을 알 수가 있다

재물이 없는 귀의 생김새

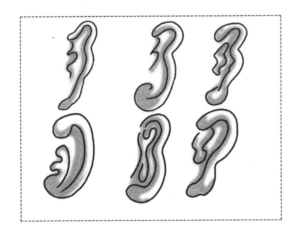

 귓바퀴가 조그마한 목이, 화이, 선풍이, 서이, 전우이, 가운데부분이 튀어나와 귓바퀴가 없는 저이 등은 재물에 대한 운용이나 심리적인 결함으로 복운을 획득하거나 보유할 수가 없다.

이마 주름를 보면 사람을 알 수가 있다

이마의 세 가지 유형.

이마는 크게 나누면 첫째, 지능형으로 이마전체가 넓은 것을 말한다. 기억이나 직관력이 있는데 수재에서 흔히 볼 수 있다. 또한 거의가 코나 광대뼈가 튀어나와 있지 않은데, 만일 코나 광대뼈가 높은 사람은 날카롭고 보통 사람이 아니다. 둘째, 감정 형으로서 위가 둥근 이마를 말한다. 셋째, 위가 좁고 밑이 넓은 이마를 말한다. 두뇌보다 오히려 완력이 강하다.

이밖에 이마 위의 중앙 처진 부분을 참차라고 하는데 이것이 많을수록 악한 관상이다. 참차는 손위 사람에게 반항하는 운수다. 두 개 있는 남성은 화를 잘 내고 셋이라면 음한 험담을 한다.

이마 주름를 보면 사람을 알 수가 있다

천문, 인문, 지문의 관상

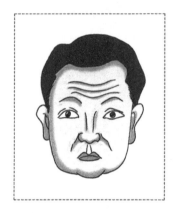

절조선이 세 가닥 있을 경우엔 가장 위의 있는 주름을 천문, 가운데 주름을 인문, 밑의 주름을 지문이라고 부른다. 세 가닥 모두가 있으면 희망이 풍부한 전진적이며 진지한 성격의 사람들에게 많다. 하지만 천, 인, 지의 세 가닥에는 각각의 의미가 있는데, 곧고 깊이 새겨져 있는 것은 길상이지만 끊어져 있거나 꾸부러진 것은 불운을 나타낸다.

천문은 자기의 부모, 윗사람과의 관계를 또 친척의 재능 등을 나타낸다. 인문은 자기 자신의 운수에 대한 강약변화를 나타내고 또 의지와 의욕의 강약 등을 나타낸다. 지문은 처자, 부하 등과의 관계를 비롯해 정적인 면을 나타낸다.

이마 주름를 보면 사람을 알 수가 있다

주름살이 둘로 나누어져 있는 이마

직각적이고 영감이 우수한
데 그것에 의해 활동한다.
얼핏 보아 어리석은 것 같지
만 정신력이 우수하고 천재
적인 행동을 한다.

이마 주름를 보면 사람을 알 수가 있다

이마에 두 가닥의 주름이 세로 서 있다

일명 궁리무늬라고 하여 퍽이나 사려 깊고 반성심이 강하다. 너무 생각이 많아 타인과 융합이 안 되는 경우가 있고 고지식한 면까지 있어 인간관계가 원활하지 않다. 선이 세 가닥 이상 있을 경우도 마찬가지 의미다.

이마 주름를 보면 사람을 알 수가 있다

미간 중앙에 주름살이 한 가닥 있다

일명 현침문이라고 하는데 성격이 강한 의지의 소유자며 완고하다. 운수로는 고향을 떠나 타향에서 살게 되고 직업이나 주거가 자주 변한다. 또 금전에 인색하여 부부의 연도 바뀔 수가 있다.

머리카락을 보면 사람을 알 수가 있다

머리카락으로 보는 관상

(1) 흑발, 적발, 회색발, 백발의 관상

검은머리는 정열적인데 정력이 강하고 지구력이 있으며, 욕구본능의 강함을 가지고 있다. 적발(붉은 머리카락)은 정력적이지만 성급하고 육욕적인 경향이 강하다. 뜨거워 지기도 쉽고 식기도 쉬운데 검은 머리에 비하여 담백하다. 회색발(잿빛 머리카락)은 생리적으로 약하고 건강체질이 아니다. 노인으로서 진한 검은 머리는 생활에 쪼들리는 관상이다.

(2) 딱딱한 머리, 연한머리, 곱슬머리의 관상

딱딱한 머리는 건강하고 의욕적이며 행동적이다. 연한머리는 우아스럽고 온화한 신경과 정감이 풍부하지만 신체적으로는 약하다. 곱슬머리는 성욕 적으로 활력이 왕성하다.

(3) 그 밖의 머리관상

머리카락을 보면 사람을 알 수가 있다

광택이 있는 것은 건강한 신체를 말하지만, 광택 없이 메마른 머리는 병골이거나 운수의 약함, 불운을 나타낸다. 또 광택이 있는 머리가 갑자기 메말라지는 것은 병에 걸릴 징조라 주의해야 한다.

가마를 보면 사람을 알 수가 있다

가마로 보는 관상

머리 정수리 중앙에 있는 것은 양부모가 모두 있으며 성격이나 기질에 지장이 없고 운수도 순조롭다. 이 이외에 다른 곳에 치우쳐져 있을 경우엔 부모가 모두 있지 않거나, 선천적으로 좋지 않은 환경이거나, 운수에 파란이 있다.

두 개 이상의 가마가 있는 것은 성격적으로 비뚤어져 있거나, 신체적으로 허약하다.

■ 저자 **최이윤** ■
- 저서 : 사주 길라잡이
  택일 보감
  이름 감정
  십이지 편람
  관상백과
  얼굴점으로 사람의 성격과 운명을 알 수 있다

관상으로
운명과 미래를 아는 법

2022년 5월 5일　인쇄
2022년 5월 10일　발행

저 자　최이윤
발행인　김현호
발행처　법문북스(일문판)
공급처　법률미디어

주소　서울 구로구 경인로 54길4(구로동 636-62)
전화　02)2636-2911~2,　팩스 02)2636-3012
홈페이지　www.lawb.co.kr

등록일자　1979년 8월 27일
등록번호　제5-22호

ISBN　979-11-92369-01-3 (03180)

정가　16,000원